暮らしの絵本

しぐさのマナーとコツ

井垣利英◎監修
伊藤美樹◎絵

【付】冠婚葬祭の作法

Gakken

はじめに

「マナーを〝楽しく〟身につけて欲しい！」
そんな思いで、この本を作りました。
マナーを知っていると、本当にお得です。
「美しい」「上品」「洗練されている」「礼儀正しい」と思われるようになり、
老若男女を問わず、人に与える印象がとても良くなります。
せっかくだったら、誰からも愛される素敵な人になりたいですよね。
ただ、マナーと聞くと「堅苦しい」とか、
「形通りにしないとダメなんでしょ？」と思う人が多くいます。
でも、本当に重要なのは、「形」以上に「人を大切にする心」。
相手を思いやる気持ちが基本にあれば、
形がちょっと間違っていても、大した問題ではないのです。

この本では、相手を心地よくさせるマナーやおもてなし、
感じの良い人だと思われるしぐさや立ち居振舞いをご紹介しています。
基本的なマナーや、「お化粧室の使い方」「温泉の入り方」
「旅館の泊まり方」など、日々の暮らしに身近なテーマもあります。
一つずつ実行して頂ければ、あなたの印象はもっと素敵に変わるでしょう。
さらに、日本の美しさ、伝統の奥深さの集大成である「歳時記」や、
いざというときに困らないように「冠婚葬祭」についてもまとめてあります。
日本の良さを再発見して頂けたら嬉しいです。

いつでもどこでも、手の届くところにこの本を置き、
迷ったとき、困ったときに、辞書代わりに使ってください。
きっと、あなたの心強い味方になってくれます！

シェリロゼ◎井垣利英

もくじ

◎イラスト：伊藤美樹 ◎デザイン：寺井恵司 ◎編集・構成：根岸伸江 ◎編集協力：田中宏樹（学研）、高木直子

マナー道場

ようこそ、マナー道場へ。

マナーの心得を
伝授するわよ↗

尻はあげるべし

語尾（言葉尻）をハッピーな言葉でまとめると、自分だけでなく、相手の気持ちも明るくなります。オススメは、感謝の気持ちの「ありがとう」。何かしてもらったら、「すみません」ではなく「ありがとう」。

きついことを言った後に

期待
しています
期待尻
頑張ってネ
応援尻
今後を楽しみ
にしています

電話を切るときや別れ際に「楽しかった、ありがとう」。人に注意されたときも「教えていただいてありがとうございます」と"感謝尻"を活用して。

謝った後に

以後
気をつけます
前向き
尻
上品尻
頼みごとの際に
〜して
いただけ
ますか？

Smile!!

言葉だけでなく、
別れ際の表情や
態度も明るく
ポジティブが基本です。

急所をおさえよ

完璧でなくてもOK。できることから少しずつでかまいません。姿勢や話し方が多少くだけていても、人にさっと席をゆずるなど、とっさのときにさりげなく相手を重んじる所作ができていれば、印象がいいものです。それよりも、形式的なマナーが完璧なのに、とっさのふるまいがなっていない方が、欠点がクローズアップされる…なんてことも。

マナーは形ではなく"心"。相手の急所(心)を素早くおさえましょう。

体で覚えよ

「急所をおさえる」のは、体で覚えているからこそ、できるワザ。人前で緊張しているときや、無意識の行動の中に、普段のクセが出てしまうことは多いもの。普段できないことは、とっさにはできません。だから、玄関を上がるとき、食事のとき…、基本の作法は、普段の生活に取り入れ習慣づけて。

ひとつ一つ体で覚えて、自然に体が動いてしまうマナー達人に!

己にリボンをかけよ

〝人は中身が大事〟とはいえ、中身がよくても、見た目が悪印象では損をします。人と会うときは、相手を不快にさせないよう、最低限、みだしなみには注意したいもの。身なりを整えずに人前に出るのは、人にプレゼントを渡すときに、包みもせずに差し出すのと同じです。

やりすぎは禁物

派手なラッピングではなくても、せめて埃《ほこり》をはらいリボンぐらいはかけたいもの。

相手を敬うその心がけは、相手にも伝わるのです。

余裕を持つべし

自分に余裕がなければ、相手を思いやる余裕は生まれません。訪問先へおいしい手土産を用意したり、お世話になった方へすぐにお礼状を書き感謝の気持ちを伝えたり…。こうした心配りは、時間に余裕があってこそ。

マナー美人は、時間との上手なつきあい方から始まります

また、待ち合わせの場所に早めに着き、ゆったりした状態で落ち合うのと、汗をふきふき遅れて来るのとでは、相手に与える印象も違います。

技《マナー》におぼれるべからず

食事中に、「そのフォークの使い方は違う」などと、食べ方を注意し、楽しいはずのひとときを台無しにすることは、最も避けるべきマナー違反です。自分が気をつけていればいるほど、他人の不作法は気になるし、知識をアピールしたくなるもの。ですが、そこはグッと我慢。

"人のふり見て我がふり直せ"で、自分も気をつけようと考えたいものです。他人に教えるときは、あとでこっそり。

誰からも学べる

失敗したら、それを教訓にしましょう。まず、「何がいけなかったのか」冷静に考え、「どうすればよかったのか」相手の立場で考えれば、おのずと答えはみつかり、二度と繰り返さないはずです。他人のふるまいが気になったときも同様。何がうれしかったのか、何がイヤな気持ちにさせたのか……、マナー脳を鍛え、相手を思う心を磨きましょう。

見本にしたい他人の心づかいはもちろん、人の不作法も、反面教師として必ず何か学ぶべきところがあるもの。

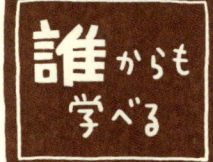

型を知って、崩すべし

マナーは、使い方を間違えると、人に緊張感や威圧感を与えることも。その場の状況に合わせて、マナーを崩すさじ加減も必要です。大切なのは、「型」を守ることではなく、“他人への思いやり”です。

型を知り、臨機応変に型を崩して温かい対応ができる、そんな、真のマナー美人を目指しましょう。

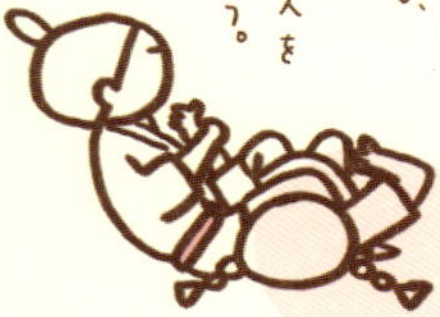

アレンジする前に本物を知っておくことが大事。常に上を目指して努力しましょう!

マナー美人は1日にしてならず

マナーは、他人との勝負事ではなく、自己ベストを目指すものです。

第1章

印象美人になるための、しぐさと立ち居振舞い

好印象を与える装い

To Make Yourself Look Elegant

メイク

やりすぎもノーメイクもNG。上品に見えるナチュラルメイクが基本。化粧崩れしていないか、ときどきチェックをお忘れなく。

華井《はない》 空《そら》(25)

服

顔の近くに明るい色があるほうが顔色がよく見えて◎。トップスが暗い色の場合、インナーやスカーフ、アクセサリーで明るい色を取り入れて。

靴

靴のために1日履いたら翌日は休ませるくらいが◎。靴底が減っていないか、ヒールの部分の革がめくれていないかマメにチェックをし、常にピカピカに磨いておきましょう。

脚が美しく見えるヒール高は7〜10cm。キレイに歩くためには、ピンヒールよりもヒールが安定したものを選んで。

脚

素足よりも、プレーンなストッキングのほうが好印象。

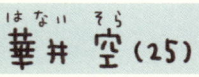

自分に手をかけて

その日だけ美しく見せようと頑張っても、素材（土台）の状態が悪ければ効果は半減します。髪の毛、素肌、ボディラインにいたるまで、日ごろのお手入れも肝心です。

いーよな空ちゃんは。
私たち、体型も顔のつくりもさほど変わらないのにこの差はいったい何なのだろうか
山川《やまかわ》 陸《りく》(25)
ボロボロ

忘れちゃいけない、先と先

初対面で意外と目がいくのが「頭と足先」。いくらステキな洋服を着てメイクが決まっていても、髪の毛がボサボサで靴が汚れていては、だらしない人と思われてしまいます。

華やかさなら負けてないと思うんだけどな
化粧のりがイマイチ。きのう飲みすぎたかな…
その点でいうと陸は、地味すぎるんじゃない？
地味？
砂井《すない》 海《うみ》(25)

女性は花

女性はなるべく華やかに。ピンクや水色などキレイな色の服を着ましょう。フリルやレースなどもOK。暗い色ばかり着ていては気持ちまで暗く沈みがちに。雑草の中の花ではなく、〝花束の中の花〟になるよう意識して。

男性は葉

女性が花なら男性はみずみずしく生命力にあふれた葉のイメージ。汚れたヨレヨレの服装、髪型では、不潔で病弱な印象に。明るく清潔感のある服装を心がけて。

色のマメ知識

黒は細胞をふけさせる色といわれていて、人に与える印象もどこか威圧的です。明るい色＆オシャレな装いは、周りも自分の気持ちも明るくします。好印象な格好をすれば、蝶がキレイな花に集まるのと同じように、人が集まってくるようになるはずです。

仕事場で

こんな勘違い、していませんか?

メイク
仕事のあとに予定があるからといって、朝からギラギラメイクはちょっと…

ネイル
長く派手なつけ爪では、いかにも仕事ができなさそう…。はげかかったマニキュアも、本人が思う以上にだらしない印象を与えます。

バッグ
サブバッグとして、紙袋を持ち歩いてはいませんか? たとえ高級ブランドのロゴ入りでも、それは単なる紙袋です。

トップス
キャミソールは、年配者には下着に見えることも。
着たい場合、ジャケットをはおる、首にスカーフを巻いて露出を抑えるなどの工夫を。

ボトムス
ローライズのパンツは、かがんだときに腰やパンツが丸見えに。上着でお尻を隠すなどの心づかいが必要です。スリットが深いスカートも、セクシーさでは超ミニスカートと同じ。
仕事にお色気は不要です。

靴
かかと丸出しのミュールでは、くだけすぎ。オフィスでの健康サンダルもステキとはいえません。

お食事会で

髪 食事中ジャマにならないよう、髪はまとめておきましょう。

服 食べやすい服装で。襟《えり》や袖《そで》回りのデザインは特に注意。

香り 食事は味とともに香りを楽しむもの。香水のつけすぎは控えましょう。

アウトドアやスポーツ観戦で

服装の指示があれば…

誰かを誘ってハイクラスな場所や、逆にアウトドアなどに行く場合、
その場所にふさわしい服装があれば、前もって連絡を。
相手に恥をかかせず、一緒に楽しむために必要な心づかいです。

部屋着は部屋着

パジャマがわりのトレーニングウェアで、
近所だからとコンビニエンスストアに
出没していませんか？
心の緩みとともにその行動範囲は
広がります。

表情

ニュートラルな表情

無意識の状態で、口角が下がり「への字口」になっていないか、眉間にシワが寄っていないか注意。

不平不満は顔に出がち。口をポカンと開けているのも、だらしなく見えます。

スタンバイ・スマイル

眉間を開き、唇を軽く閉じたまま口角を上げるのが笑顔をキープするポイントです。

よい笑顔とは

目にやさしさがあり、口角が上がり、美しい歯が見えるとグッド!

顔の表情筋は鍛えられます。

笑えない人は笑顔の練習を。

目線

人と話すとき、相手の目を見るのは基本ですが、じーっと見つめたままでは相手も息苦しく感じます。ときどき額や鼻先に視線をそらすとよいでしょう。

声
聞こえなかったよ。陸は、ボソボソ話すから疲れて見えるんじゃない?
え? 何?
うん…
大きくハキハキと
口を大きく開けると大きな声が出て滑舌もよくなり、声のトーンも明るくなります。
はいっ口を大きく開けてハキハキと!
あえいうえおあお
そう♥
さーっ午後も笑顔でがんばろーっ
よっ
3人娘! きょうも美しいね〜
話の内容
「すみません」より「ありがとう」
人にお礼を言いたいときは、謝る言葉ではなく、感謝の気持ちを素直に伝えたほうがステキです。
ほめてくれてありがとう。うれしいっ
ほめられたら
謙《けん》遜《そん》するよりも、うれしい気持ちを素直に言葉にしましょう。その場の空気に幸せが満ちてきます。
△
そんなことないよ
×
町田さんはほんと、軽いし、心にないこと言うよね
プラス思考で
会うなりマイナスな指摘をされると、言われたほうはその後もイヤな気分を引きずるもの。相手の気持ちを明るくするような、プラス思考の会話を心がけましょう。

微妙なシチュエーションでのあいさつ

Greetings in a Delicate Situation

マナー通りのあいさつがかえって相手に迷惑な場合も。相手の気持ちを考えて使い分けましょう。

すれ違うとき

歩きながらのあいさつは、友人など親しい相手だけにとどめて。いったん立ち止まって体を相手に向けたほうが丁寧です。

座っているとき、上司に話しかけられた

受け答えは座ったままではなく、席を立って。

アピールしすぎないあいさつ（＝目礼）

目礼（10度）：
いったん動作を止め、視線を下げる。
手は体の前に揃えておく。
邪魔にならないように、なおかつ失礼のないように、心を表現できるあいさつです。
会議中の入退室、お客様にお茶を出したあとなどにも。

化粧室やエレベーターで、人と目が合った

初対面でも目が合った瞬間に「ニコッ」とされると、気持ちがほっとしてその場に優しい空気が流れます。

名前は知らない顔見知り程度の人とエレベーターでふたりきりに

「こんにちは」などのあいさつのあと、当り障りのない天気の話などをしてもよいが、「そのバッグ、ステキですね」「ヘアスタイルが決まってますね」など、相手のよいところをほめるのも◎

知り合いを見かけたがいつもと様子が違う

声をかけるかどうかは、相手の状況次第。声をかけづらい状況のときは無理にあいさつしなくてもよい。

前方に誰かを見つけたとき

相手を振り向かせるのではなく、自分から相手の側面または前に入り込んであいさつするのが基本。後ろからいきなり肩をたたくなどは、よほど親しくない限り、相手を驚かせるのでもってのほか。

あえて無視するのも心づかい

いつもキレイにしている女性が、気を抜いた格好でお買物をしていた
→気づかないふりをする。

ある店で社内恋愛の現場を目撃した
→相手に気づかれないうちに店を出るくらいの心づかいを。

気をつけたい無意識のクセ

Insidious Habit You Should Take Care of

人と話をするときに注意したいこと

相手をイライラさせるNGリアクション

素敵に見える立ち姿、歩き方

Behavior That Make You Elegant

緊張のあまり仁王立ち

NG

「休め」の姿勢は体のゆがみの原因に

NG

背筋は常にえんぴつのイメージ

つむじを糸でひっぱられる感じで立つと、肩がストンと落ちすっきりとした印象に。肩は少し後ろに引きぎみになり、自然と胸が開きます。

横から見て、耳・肩・腰・ひざ横・くるぶしが一直線になるように。腹筋を意識するとあごが出なくなります。歩くときも座るときも、背筋の伸ばし方はこれを基本に。

姿勢を正すと、お腹まわりが引き締まるというメリットも。

手は自然に横におろすか、前で軽く重ねて。重ねた下側の手は、指をできるだけ多く出すと指が長く見えてキレイ！

姿勢を崩すときは

疲れたらときどき姿勢を崩してリラックス。そのときも、上半身はなるべく正しい姿勢をキープして。

さっそうと歩く

あご
引きすぎず、出しすぎず。あごの下に、そろえた指が3本入るくらいがベスト。

胸
猫背はもちろんのこと、反らしすぎるのも腰に負担がかかるのでよくありません。

腕
前後にまっすぐ振り、後ろのほうへ大きく振ると体が自然に前へ出ます。

腹
腹筋を意識して。体を反らす姿勢の人や、お腹を突き出して歩く人は腹筋の弱さが原因です。

NG

腰
おへその下から歩いていると意識して。ヒザから下だけで歩かずに、骨盤を回すように歩く。

足
親指でけり出し、かかとから着地する。

男性は
肩幅くらいに両足を開いて立つほうが、堂々として見えます。その場合、なるべく太ももの内側に力を入れて引き締めるように意識して。

靴底の減り方でチェック

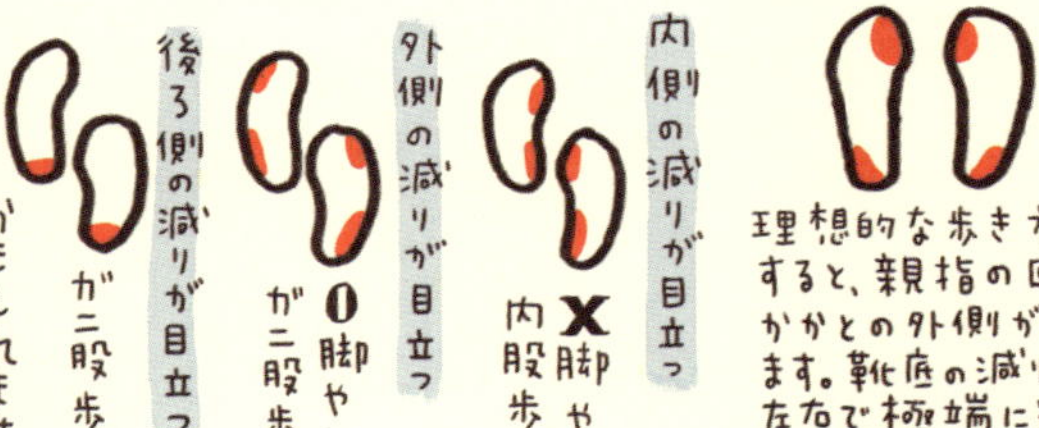

理想的な歩き方をすると、親指の回りとかかとの外側が減ります。靴底の減り方が左右で極端に違っている人は、歩き方のクセが原因です。

内側の減りが目立つ
X脚や内股歩き

外側の減りが目立つ
O脚やガニ股歩き

後ろ側の減りが目立つ
ガニ股歩きかもしれません。

美しく見える座り方

The Way of Sitting That Makes You Elegant

椅子に腰かける

上半身の姿勢を正すのは、立ち姿のときと同じです。

背

背筋は床と垂直になるくらいが◎。背もたれからこぶしひとつ分スペースをあけて。テーブルとの間もこぶしひとつ分あけます。

脚

両ひざは閉じ、足先を90度より少し前に出すと脚がキレイに見えます。脚を斜めに流す場合は、足先が肩幅よりも外に出ないように注意。流しすぎても下品に見えます。

手

両手はひざの上で重ね、指先はそろえます。

低い（深い）ソファの場合

座面が低いソファの場合、タイトスカートだと正面から下着が見えることも。両ひざは必ず閉じて、脚を横に流すとよいでしょう。気になるときは、ひざの上にハンカチを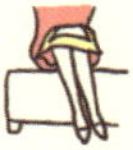置いて。

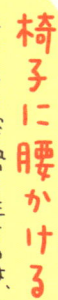

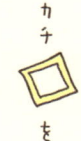

背の高いスツールの場合

①スツールを少し手前にひく。

②カウンターかスツールに片手を添えて、止まり木に足をかける。

③お尻を片方ずつ持ち上げるようにして身体をすべらせて腰かけます。

脚組み

見えないからといって
テーブルの下で脚を組んでも、
上半身が傾くので印象が
よくありません。
姿勢も脚の形も悪くなる
ので、なるべく組まないように。

人の話を聞くとき

姿勢がよすぎるのも
考え物。少し身を乗り
出すくらいが好印象。

立ち上がるとき

前かがみにならず、
背筋を伸ばしたまま
すっと立ち上がるのが理想。
片方の脚を少し引くと
立ち上がりやすいです。
腰かけるときも同様。

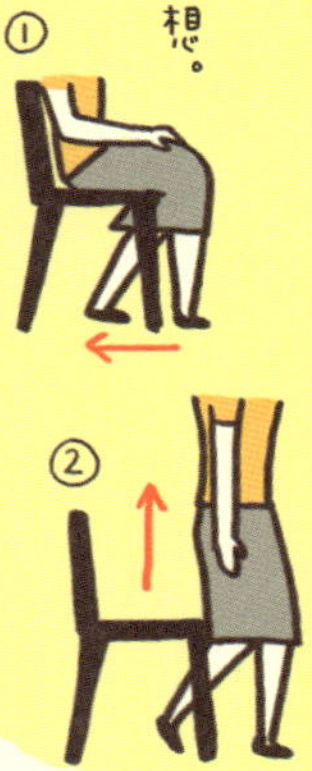

①
②

もし組むのなら
ひざ下を
くっつけて。

脚を椅子の奥に引くと、
前から見ると脚が太く、
短く見えます。

しびれないために

お尻が少し浮くくらいの
気持ちで、重心を前に
置くのがポイント。
足先の重なりを左右入れ
替えるのも多少は
効果があります。

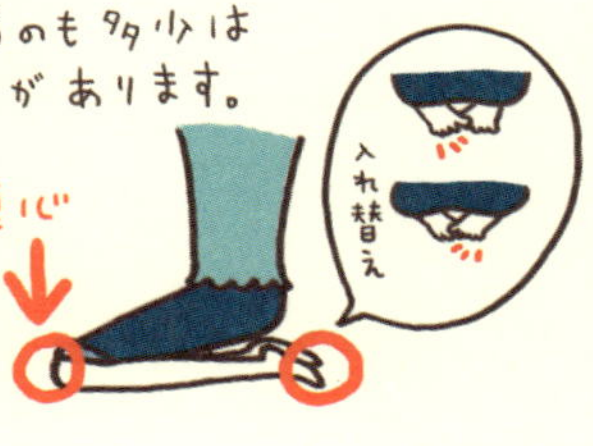

重心
入れ替え

正座の注意点

くずすときは、目上の人に脚を向けない。
ミニスカートでの正座は下着が見えるので
危険！もしものときは、ひざにハンカチを
かけるなどの気くばりを。

NG

今日はカモ×スーパーさんと打ち合わせです。
売上アップのための様々な企画をたてるのです。例えば駅弁フェアなど。
いらっしゃいませ
よろしくお願いいたします
基本は、指先を揃《そろ》える
指先は、無造作に開いているよりも揃えたほうがキレイに見えます。
まずはお茶にしましょう
"きつねの手"で取る
物をつかむときは、「影絵のきつね」を作るようなイメージで。
中指と薬指を揃えてつかむとエレガントに見えます。
わしづかみ！
いただきます

気品がにじみ出る、手先の法則 I

Rules for Using Hands and Fingers Elegantly I

“小指の法則”で置く
ごちそうさまでした
ガチャ
物を置くときは、小指を先にテーブルにつけてからゆっくり置くと大きな音がするのを防げます。
ティーカップをソーサーに下ろすときも、小指を先につけてから。
早速ですが土日の集客アップのためのプランをいくつかご用意してまいりました
手のひらの使い方
こちらのプランはいかがでしょう
場所や方向を指し示すときは、相手に手のひらを見せると好印象。
ふと気がつくと
ふたりとも空ちゃんに…
注目している
…ん？ 手か？
空ちゃんの手だ
なるほど。空ちゃんの手の動きはエレガントで見るものをひきつけるのでした。

手先から気品ね。
空ちゃんを見習って
今日一日、意識してみるか

モノを渡す

両手で、相手が取りやすいように渡すのがマナー。書類などは読みやすいよう相手側に向けて。すっと差し出すのではなく、やさしく弧を描くように差し出して。

報告書です
いつものシュリケン渡しじゃない…
NG

受け取る

片手でなく両手で。小さいものでも手を下から添えて。

はい、伝言メモ
ありがとうございます

小物を渡す

ギリギリまで両手で持ち、相手が取りやすいように最後に片手を放します。持ち手があるものは持ち手を相手に向けて。刃物類は絶対に刃先を相手に向けないように。

文字を書くとき

ペンを握っていないほうの手もテーブルの上に出し、指先を軽く揃えておくとステキです。

ドアの開閉

ドアノブだけを持つのではなく、もう片方の手をドアに添えてゆっくりと開閉。音も立たず、見た目もエレガントです。

受話器を持つ

電話が鳴ったら、慌てて握り締めるのではなく、"きつねの手"で下の方を軽く持って。もう片方の手を添えるとよりエレガント。

切るときは受話器を置いて切るのではなく、受話器は耳にあてたまま指で切る。静かに切れるし、相手が話をしているのに切ってしまうこともありません。

受話器のマメ知識

- 送話口をうまく口にあてがわないと、先方に聞こえる声は遠くなります。
- 相手が話しているとき、自分の送話口をふさぐと、相手の声がよく聞こえるようになります。

気品がにじみ出る、身のこなし

Behavior Showing That You Have Something Noble

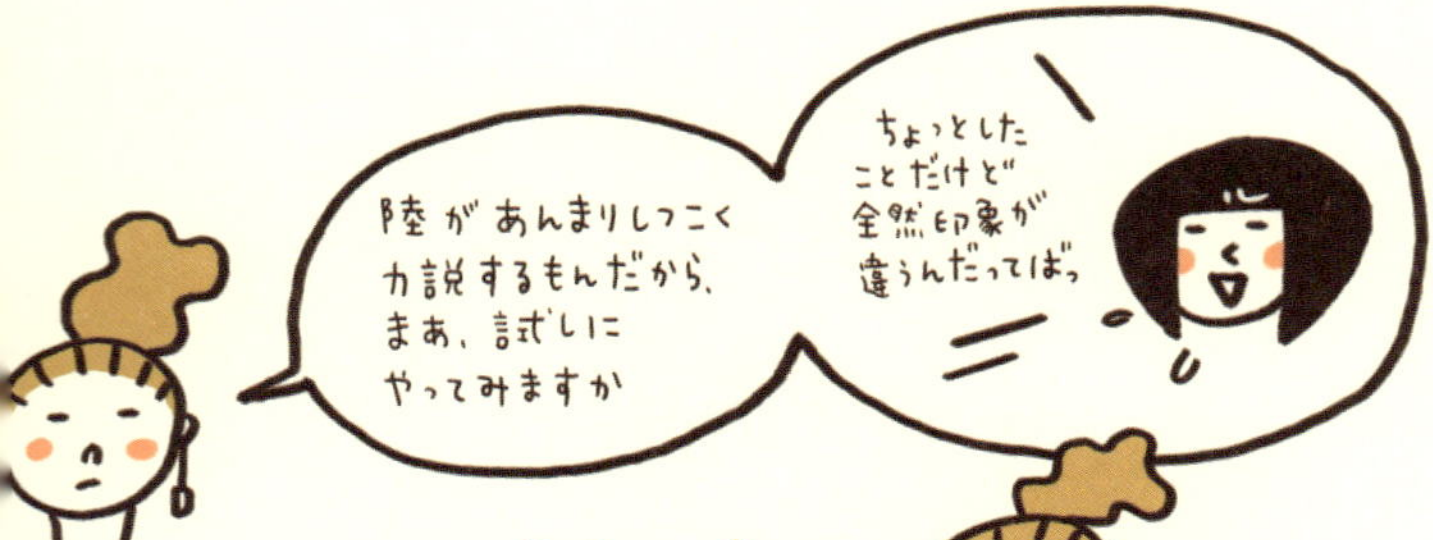

陸があんまりしつこく力説するもんだから、まあ、試しにやってみますか
ちょっとしたことだけど全然印象が違うんだってばっ

クローズドの法則

あれー、何か色っぽいですねー

右耳のイヤリングを左手で外す、右側にあるものを左手で取るなど、自分の体を抱くように、手を交差させると上品な印象に。

傘をさす

もう一軒行こうか

傘の柄を肩にあずけるよりも、真っ直ぐさすほうが美しく見えます。脇を締めて、ひじを寄せるように持つと、疲れにくく、見た目にもキレイ。柄の部分にもう片方の手を軽く添えて。

モノを拾う

① 拾うモノのそばに立つ。モノに対してつま先はやや外側に。

② 背筋はなるべく伸ばしたまま、揃えた両ヒザでカタカナの「ノ」の字を描くような感覚で、ゆるやかに腰を落とす。

③ 拾うモノと反対にヒザをねじったら“きつねの手”でそっと拾う。

立ち上がるときも背筋は伸ばしたままで。

上着を着る

①体の正面で、上着の内側が自分に向くようにして両手で持つ。

②片方ずつ腕を通す

③襟もとを整えます

上着を脱ぐ

上着の襟をぬいたら、両後ろ手にストンと落とす。

椅子にかけたり、置いたりするときは裏地側を外側にして。椅子の背にかけるときは襟を自分側、裾を外側に向けて。

上着のたたみ方 マメ知識

①両肩に手を入れ、手の平を合わせるようにして両肩を揃えたら

②片方の肩でもう片方の肩をくるむように、くるりと裏地を表にする。

このとき肩どうしをキレイに重ねる。

③すると、上着が自然と縦半分に折れて、キレイな長方形ができる。

④形を整え、そのままふたつ折りにする。

ブチッ
気のせいかもしれないけど、今日の先輩、エレガントですよ。いつもの先輩とは違う感じ
気のせいではなくってよ
話し方まで別人みたい…

バッグ、お財布の扱い方

How to handle Your Bag or Wallet

ねー、そのレストランどこにあるの？
おなかすいたよーっ
もしかしてあれじゃない？
たしか雑誌の切り抜きが…
ねー、バッグの中整理したほうがいいよ
いたいっ
スポーツバッグ持ち
NG！
NG！
きゅるる〜
よかった…ほんとははらぺこで倒れそうでした
ほらやっぱりあそこだよ！

○ハンドバッグ
女性の場合、腕にかけるタイプが最も女らしく見えてオススメ。手首はじゃまにならないように体側に向けて。

NG！
手首を外に向けて持つ力こぶ持ちは、すれ違う人にバッグや手が当ってジャマ。

中身をみせない
荷物がいっぱいで中が見えそうなときは、ハンカチやショール、風呂敷をかけて目かくしを。

○手提げタイプ
ひじを軽く曲げて持つと、重さも軽減されて見た目にもステキです。

肩かけタイプ
どちらかの一方の肩が上がったりしないように肩は水平に保つ。取っ手に軽く手を添えて。

置くときは
食卓でも、デスクでも、テーブルの上に置くのはNG。
椅子に座るのなら背もたれの間、または足元に。
ドサッ
NG
はーっやっと食べられるねっ
レストラ
いただきます
ごちそうさま
定期的に新調する
愛着のあるバッグや財布は自分では見慣れているので、そのくたびれ具合に気づかないもの。
ひとり一二〇〇円だよね
ちょっとっ陸！その財布は女子としてまずいんじゃない!?
本当だ
身内や親友など、正直に言ってもらえる人に第三者の目でチェックしてもらいましょう。たまに会う人のほうが新鮮な目で判断できます。買い替えのめどは、長くても3年。使って「味わいが増す」のと、「ボロボロ」は違います。
餃子財布にしない
あまり使わないポイントカードはカードファイルに整理し、使うときだけ財布に。レシートや領収証、小銭がたまらないようマメに整理を。
やっぱりダメか…
もうパンパンで大変なんだ
パンパンッ
スリムな財布は型くずれも少なくて、長く使えるよ
マメ知識
お金の扱いかた
お金は大切に扱ってくれる人のところに集まるもの。とある大金持ちも言ってます

女性として、あると差のつく優秀アイテム

ハンカチ2～3枚

夏場は手拭き用と汗拭き用を別にして。そして食事のときに使うひざかけ用が1枚。デパートではひざかけ用として大判のハンカチが売られています。

ポケットティッシュ

必ずティッシュカバーに入れて持ち歩きましょう。鼻紙は何度も使うと肌が赤くなることもあるので、肌にやさしい上質な物を買って。

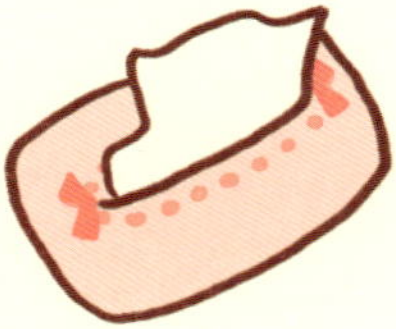

おしろい付き脂取り紙

化粧直しの時間がないときに役立ちます。

手鏡

出先での化粧チェックに、コンパクトよりも手鏡を取り出したほうがずっとステキです。目にゴミが入ったときなど、人に差し出すときもこれなら◎。

歯磨きセット

食後のエチケットです。

ストール

気温差の激しいオフィスなどでは、とくに必要です。キレイな色はおしゃれのアクセントにも。

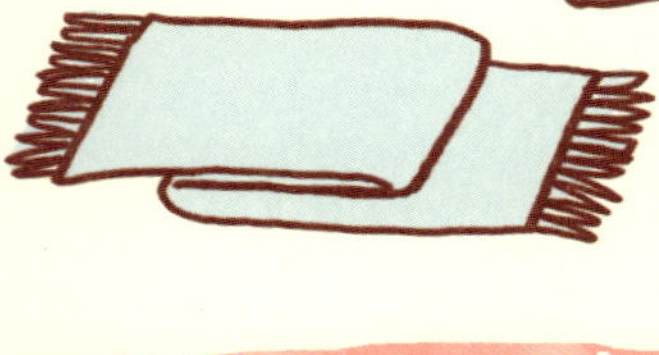

替えのストッキング

仕事中は伝線してもすぐに買いに行けないもの。ひとつバッグにしのばせておくと安心です。

ラメ入りネイル

ネイルのはがれをカバーするのに便利。

ポーチ

小物類はカテゴリー別にポーチに入れ、バッグに小分けに入れておくと、すぐに取り出せて便利です。

お財布と同じくポーチもときどき新しいのに替えましょう。

持ち歩くポーチの中身

- プレストパウダー

- 口紅パレット

使う分だけ何色も持ち歩けて便利。

- ハンドクリーム

石けんで手を洗ったら、ハンドクリームを塗りましょう。毎日のお手入れが美しい手を作ります。

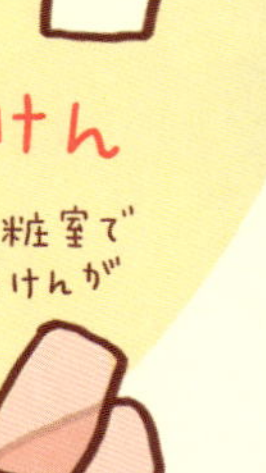

- リップクリーム
- リップグロス
- コンシーラー
- アイブロウ
- 香水（ミニボトル）

- お薬

頭痛薬・二日酔い防止薬など

- 口中清涼剤

- 紙せっけん

外出先の化粧室で備えつけの石けんがないときに。

食事のときのワンポイントマナーI

Essential Manners at the Table I

華井さん。企画書の手伝いありがとう！お礼に今晩、おごらせてよ
ありがとうございます！
町田さん、がんばってるね…ひひ
やり方はせこいけどね

お願いします
お化粧室はどちらですか？

大きな荷物は預ける

ハンドバッグ以外の荷物、上着はお店の人に預けて。ハンドバッグは椅子の背とからだの間、または床に置きます。

お手洗いに立つタイミング

食事中に席を立つのはマナー違反。お手洗いは席につく前に済ませておきましょう。そのとき、グラスを汚さないよう口紅をティッシュオフしておくと完璧！ 食事中どうしてもというときは、料理と料理の合間に。ナプキンは椅子の上、または背もたれにかけるのが、中座の合図です。

白身魚が好きなのですが

おいしい料理を聞くとき

「何がおススメですか？」と聞くよりも、「こんな食材が食べたい」「こんな味が好き」など、嗜好を具体的に伝えたほうが店側も提案しやすいものです。

レボレ〜
やっぱり空ちゃんいいよな〜♥

会話も食事のうち

せっかくおいしい食事をいただきに来たのだから、食事をおいしくする会話を心がけて。人の悪口や深刻な悩み相談、また、「このお店はおいしくない」など気分が沈んでしまう会話はもってのほか。

企画書、間に合ってよかったですね。お手伝いして、私も勉強になりました！

ワイングラスの持ち方

親指と人さし指でグラスの脚を軽くつまみ、ほかの指を添えるように。指先を斜めに揃えると上品な印象に。

ワインやシャンパンのグラスの脚が長いのは、飲みものが手で温まらないようにするためです。

テーブルはお皿だと思って

洋食では「テーブル＝お皿」です。テーブルの上に携帯電話を出したり、ヒジをついたり、バッグを置くのはいただけません。とはいえ、テーブルの下に手を隠しているのも不自然。手首から先はテーブルの上に出し、指先を揃えておくと上品に見えます。

この前、海ちゃんと陸ちゃんとイタリアンの店に行ったんですけどそこのパスタもおいしかったんですよ～

他店についてほめるときは言い方に気をつけて。「あそこの○○はおいしかった」は、この店はおいしくないととられがちなのでNG。

予約のマメ知識

お友だちの誕生祝いなどは、予約時に「お誕生日のお祝いです」と伝えておくと、デザートにろうそくを立ててくれたり、バースデーソングを歌ってくれたり、花を用意してくれたりと、レストランによってはサプライズな演出をしてくれるところも。

サプリメントを飲むのはお店に失礼

せっかく栄養のあるおいしいものをいただきに来ているのに、まるで「栄養が足りないので」と補給しているかのよう。

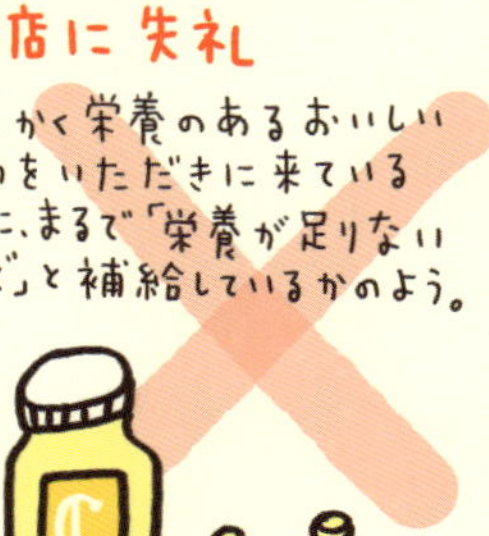

食事のときのワンポイントマナーⅡ

Essential Manners at the Table II

私、結婚が決まったんですけど、準備がいろいろ大変で〜
ちょっと先輩っ聞いてます？

食べ終わったら

ランチ時や人気店で行列が出来ているようなときは、食べ終わったら次のお客さんのことも考えて早めに席を立ちましょう。ゆっくり話したいなら、喫茶店に場所を移すなどして。

お茶のいただき方

お茶

茶卓ごと両手で引き寄せ、湯飲みを右手で持ち上げ左手を底に添える。

△

コーヒーや紅茶

ソーサーを持ち上げたり、カップを両手で持つのは見た目に美しくありません。

○

カップと唇の"キスの法則"

飲み物をいただくときは、カップだけ口もとに寄せるのではなく、カップが近づいたところで上体もフッとカップに寄せると美しく見えます。

NG!!
ズズズ～

猫背になってカップのほうに口を持っていく

NG!
町田ちゃんうまくやってるかなー

ふんぞり返った状態でカップだけ口元に持ってくる

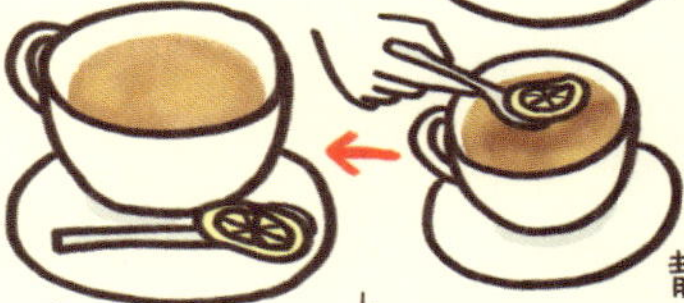

△

ただし、ソファとテーブルが離れているときや、立食のときは、ソーサーごと持ち上げて飲む場合も。

砂糖やレモンは"しずめる法則"で

砂糖やレモンは、スプーンでそっとカップに入れたら、静かにしずめます。スプーンでかき混ぜるときは、腕を動かさず手首から先だけでゆっくり回しましょう。

レモンは入れたままにせず、スプーンですくい、そのままカップの向こう側へ。(目上の相手に汚い物を見せない、という配慮から、手前に置く場合も)

飲食店でありがちなNG例

Bad Examples Common in a Restaurant

今日の合コン、たまには積極的にアピールしてみようかな
まずはキレイ好きをアピール
汚れてないから拭かなくていいよ

気を利かせたつもりの行為が
あまりステキではない場合も。
覚えはありませんか?

おしぼりは手を拭くためのもの

手を拭いた後のおしぼりでテーブルを拭く人がいますが、お店としてはあまりうれしくありません。こぼしたらお店の人を呼びましょう。

お皿を片づけるのも良し悪し

高価で繊細な器を使っていることが多い高級店ではとくに。お皿が欠ける危険性もあるし、片づけの手順がある場合も。

食べ終ったお皿、片づけま〜す!

裏箸はマナー違反

料理を取り分けるときなどにする裏箸は、手に持った部分を使うので不潔ですし、見た目も美しくありません。取り分け用に新しい箸をもらいましょう。

こぼさないように…

取り分けますよ〜
箸は裏返してあるのでご安心を!

手を受け皿にするのはNG

和食で、手を受け皿代わりに添えるのは、あまり美しくありません。お刺身の場合は、醤油皿を手に持つほうがよいでしょう。

スタッフを呼ぶときは

スタッフと目を合わせてうなずくか、そっと肩の高さくらいに手をあげて。気づかれないときは、「お願いします」と呼びます。スタッフの手の空き具合も見てタイミングよく。

すみませーん!!
あのー!! すみませーんっ
あのーっ 聞こえてますかー!?
少々お待ちください…

食器を落としたら

手をあげてお店の人を呼び、代わりを用意してもらいましょう(高級店の場合)。グラスを倒すなどのトラブルのときも、自分で対処せずお店の人にまかせて。サービスを受けたら、お店の人へ「ありがとうございます」の言葉も忘れずに。

ワインを注いでもらうとき、グラスを持ち上げない

ワインがはねて、洋服にシミを作ってしまう恐れも。たとえ目上の人に注いでもらう場合でも、グラスは机の上に置いたままに。

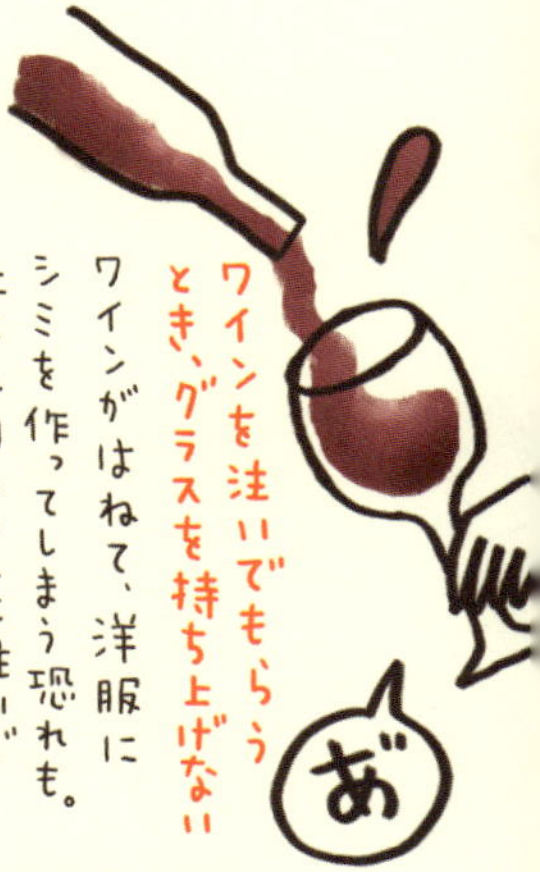
あ

ナプキンは遠慮なく使うべし

店が用意したものを使わないのは「これは汚くて使えません」という意思表示に。グラスに口紅がついたときはグラスのふちを指でぬぐってから、その指をナプキンで拭いたほうがスマート。

汚れちゃったよ。

私は何かしくじったんでしょうか
だいぶね

ナプキンの豆知識

- ナプキンは飲み物がきたらふたつ折りにし、折り目になるほうを手前にしてヒザの上に置きます。
- 食事の後、きっちりたたむのは本来"サービスに不満"の合図。軽くたたむ程度でOK。

立食パーティに参加するときの心得

How to Behave at a buffet Party

○○社 立食パーティ
私、出会いは必要ないので食べます
合コンも失敗したし、自信なくしたよ
見本を見せてあげるよ
今度は中華でもどう?
えーと…

パーティは、出会いと会話を楽しむもの。知り合いとばかり話していたら、せっかくの出会いのチャンスを逃します。自分から積極的に話しかけるように。

初対面の人と会話するポイント

「はじめまして。砂井 海と申します」

・自己紹介は自分から。

「ステキなパーティですよね」

• 会場の雰囲気、料理などの感想。
• パーティの主催者について話題にする。
• 自分の仕事について話す。

知り合いが少ないとき

• ポツンと立っている人、会話が途切れている数名のグループなどに

「ご一緒して良いですか?」

と、自分から話しかける。

• 会場内にいる知り合いに、「知っている人がいたら紹介してください」と頼んで紹介してもらう。

面倒な人(話しが長い)などから逃れる術

「すみません! ○○さんがいらしたので、ごあいさつに行ってきます」

「新しい料理が来ましたね。見に行ってきます」

「飲みもののおかわりはいかがですか」

その場を立ち去りフェードアウト。

そんなに食べられない…
りかちゃんの分、取ってきたよ〜

お皿に盛る料理は2〜3品を目安に、食べきれる量を盛ります。

持ち歩きはひとり一皿が基本。他人の分まで運ぶのはスマートではありません。

お皿は気兼ねなく替えてOK

温かいものと冷たいものを一緒に盛ったりせず、その都度お皿を取り替えて。使ったお皿はサイドテーブルに置くか、係の人に持っていってもらいます。

座って食べない

会場に用意してある椅子は「シルバーシート」と考えて。ご年配の方や休憩用にあるものなので、荷物を置いたり座って食べるのは禁物。

立ち居振舞いは優雅に

会話中も前後左右に気を配って。とくに後ろは注意。

もう少しお肉とってこよっと
あっ
わっ
ガチャーン！
突然振り返ってお皿が衝突！なんてことも…。
すみません。服汚れませんでしたか？
…はい…

デートを素敵に演出するポイントI

How to Plan a Romantic Date I

立食パーティで知り会った人と焼肉を食べに行くことになりました。
初デートで焼肉か…
あれっお肉好きですか？
はいっもう大好きです
じゃあ幻の名店"焼肉もりもり"って知ってる？
もちろんです!!
ドキドキドキドキドキ…

見だしなみ

普段よりドレスアップしたいところですが、気合いを入れすぎるのも問題。

気合い入れすぎちゃったな

遅れてすみません

出かける場所に合った服装で、爽やかで明るい雰囲気を演出して。香水のつけすぎに注意。

明るい笑顔で

先日はどうもっ今日はすっごく楽しみでした！
ごめんね…
お仕事、だいじょうぶでしたか？

第一印象は大事です。明るい笑顔で素直な気持ちを伝えましょう。

時間厳守は基本ですが、相手が遅れてきてもとがめず、

「お仕事、だいじょうぶでしたか？」

など、なにかほっとできるような言葉を述べるとGOOD。

男性のエスコート
歩くときは女性を歩道側に、男性は車道側を歩くのが理想。
たのしみだね
昼飯抜いちゃったよ
う、うれしいな
遅れたお詫び。荷物持つよ。
スッ
女性が2つ以上荷物を持っているときは、男性は大きくて重いほうを持つ心づかいを。
お店に入るときは、男性がドアを開けて女性を先に通す、など。
焼肉もりもり
食うぞー
同じく!
じゅわーっ
ああ、なんだか…
食事でいちばん大切なのは、おいしそうに食べること。
うまそうに食べるねーっ
しあわせ
おいしい、楽しい、うれしい

とってもおいしかったです。ごちそうさまでした
どういたしまして
ごちそうしてもらったら感謝の言葉や感想はすぐに伝えて。
あれ？
ヨレッ
大丈夫？結構飲んだから酔ったんじゃない？
つかまってもいいよ

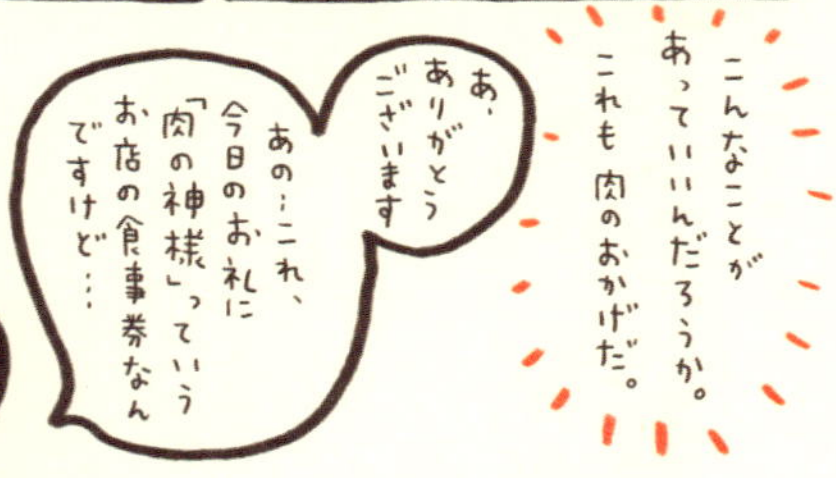
こんなことがあっていいんだろうか。これも肉のおかげだ。
あ、ありがとうございます
あの…これ、今日のお礼に「肉の神様」っていうお店の食事券なんですけど…

「肉の神様」!?ほんとに!?
ごちそうになったら、後日でもよいので、さりげなくお礼のプレゼントを用意しておくと好感度大。

● 腕を組むときは、女性は手の一点に力を入れるのではなく、体を寄せるような感じで。
歩いているときは、しなだれかかるとバランスを崩すので、相手に重みを感じさせないように。
気持ちは「そっと寄り添う」イメージを持つと、「ステキな女性だな」と相手にも周囲にも思われます。

女性側があまりに主体的になると、まるで相手を連行しているようなので注意。

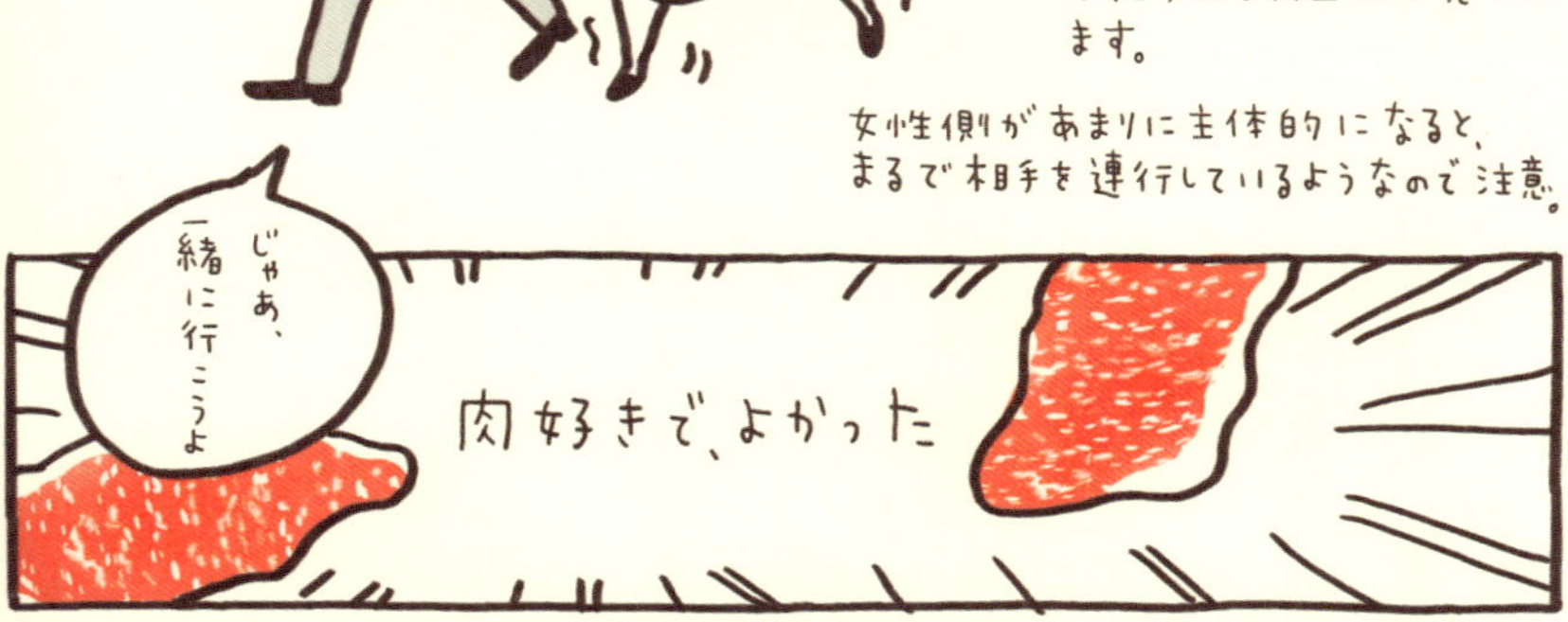
じゃあ、一緒に行こうよ
肉好きで、よかった

スキンシップの豆知識
腕組み（好意）↓手をつなぐ（愛）↓指をからめる（愛を確認済み）というように触れる面積が増え、絡みつく感じになっていくようです。
階段上るからころばないように気をつけて
ポッ～
Lingerie Shop

手をつなぐときは、腕組みと同じく、女性は相手にリードされていることを意識して。最初は指先を軽く揃えておいたほうが女性らしくて好印象。指をからめるつなぎ方は、親密度が深まってからに。

完全に対等な意識で手をつなぐと仲好しこよしの幼い印象になるので注意。

ねー！海ちゃんまだー？！
ん？海ちゃん？！

自分の買い物は別の日に

化粧品や下着など、女性が多い売場に男性を連れて行く場合はとくに注意。相手に恥ずかしい思いをさせているかもしれません。

ごめん、もうちょっと
まだ？

海ちゃん、悪いけど、
ちょっと休んでいい？
OK！お茶しよ～

喫茶店での座り位置

奥行が狭い席で、高級レストランのように店の人にテーブルを引いてもらえそうもないときは、相手が立ったり座ったりする際に男性が少しテーブルを引きましょう。

座れる？
ただし、テーブルの上のものをこぼさないように気をつけて。
うん ありがと
正面だとちょっと遠いよね
そう？別に…
親密度高
隣り
90度
※
正面
斜め向かい
親密な関係
仲良しの位置
敵対の位置
無関心

※正面は「敵対」を意味しますが、小さなテーブルを挟んで顔がくっつくくらいの距離ならかえって親密度が増します。

顔の左側を見せる

個人差もありますが、人間の顔は脳の働きの関係で、右側はクール、左側がソフトな印象を持つと言われます。デートのときは、なるべく左側を見せるのも手!?

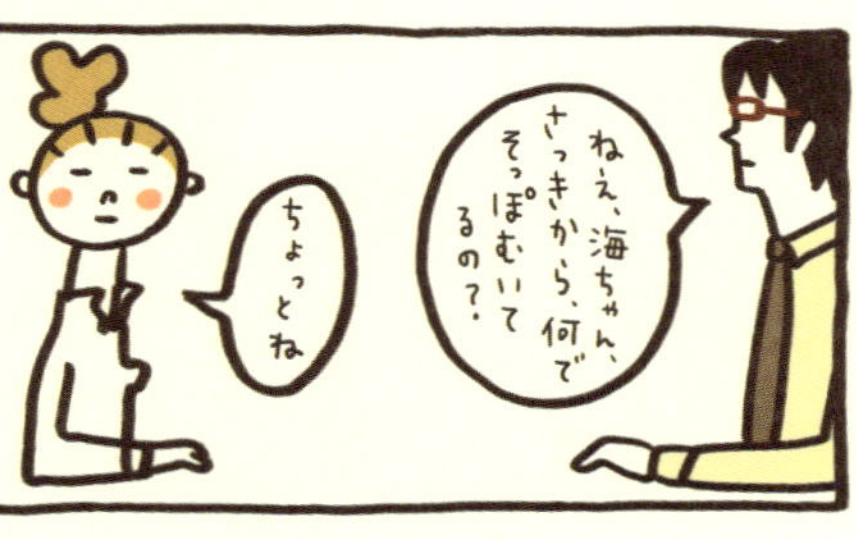
ねえ、海ちゃん、さっきから、何でそっぽむいてるの？
ちょっとね

聞き上手を心がけて

相手に「もっと話していたい（もっと一緒にいたい）」と思わせることが大切。そのためには、相手と自分が3：1くらいの割合で会話し、「そうよね」と同調したり、共感したりして、相手に関心があることを伝えて。

ミラー効果

カップやグラスを持つなど動作を相手に合わせると、相手に親近感を与える効果が。

シェアできる料理で親密度を高める

ひとつのお皿からふたりで分け合って食べるのも、親密度を高めるポイント。相手の分を先に取り分けてあげる。

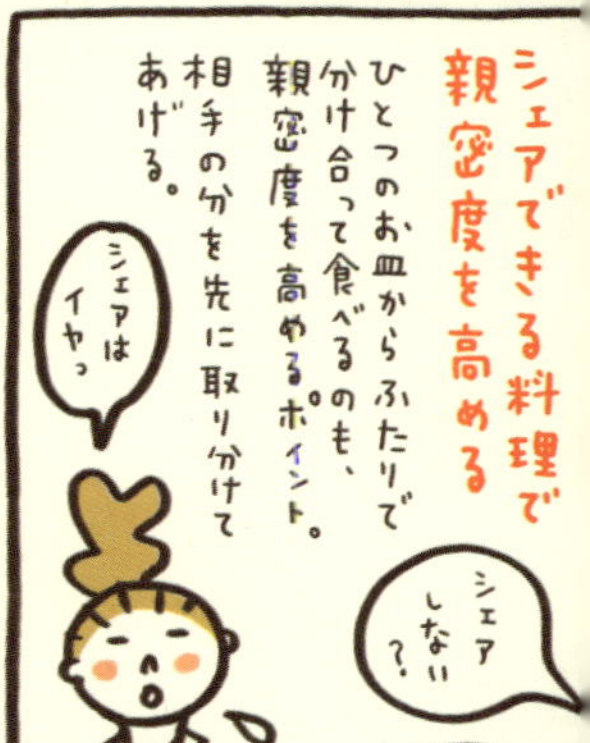

素直におごってもらう

と言われた場合、遠慮しすぎるとしらけてしまうので「ありがとう。ごちそうさまでした」と言って喜んで受けるのも気づかい。相手が支払い（キャッシャーで）をしているときには、後ろからのぞいたりせずに、離れた場所で待ちましょう。支払うタイミングになったら、「お化粧室に寄ってくる」と席を外すのもひとつの方法。

※「トイレ」ではなく「お化粧室」

ドライブデートのマナー

Manners to Have a Drive Date

ねえ、町田さん、いい話、教えてあげるよ
空ちゃんのコトなんだけどさ、最近元気ないと思わない!?
実は営業部の多田さんと最近別れたんだって。今がチャンスだよ。気ばらしにとか言ってドライブに誘っちゃうとか〜
!
まじ!?
華井空さん! 今度の土曜日、空いてたら、
ドライブに行きませんか!? パーッと
土曜日
プップー

乗り降りの仕方

乗るときは お尻から。

どうぞ
3

① シートの横からお尻を乗せ
② 方向を変えながら、脚を揃えて車内に入れます。

降りるときは、揃えた脚を車外に出してから腰を上げて。

男性のドアの開け閉め

外からドアを開けるときは、図のように車の左側のドア(蝶番が左側)は右手で右側のドアは左手で開けるのが基本。そうすることで、乗降時の相手の足元をのぞきこまずにすむ。

NG

オレさー最近振られちゃって
あ、なーんか海が見たかったんだよねー。
海っていっても「砂井海」のことじゃないよ
あははは
わー、海だキレイ〜

ドライバーを気づかう

町田さん昨日も残業で遅かったでしょ。眠くないですか？
ガム、食べますか？
おお、サンキュー♥
そー、振られたうえに残業続きでまいるよ。でもまあ、そんな時もあるよ

運転中は集中力を要するもの。「あれ見て！」などと声をかけたり大声を出して驚かせるのは危険なこと。また、運転や道順の批評をするのも筋違い。横でイライラすると、そのイライラが運転者に伝染することもあるので気をつけて。

助手席で寝ないのはもちろん、「疲れてない？」のひと言や、駐車しづらいところでは「外に出て見ててあげようか？」など相手を気づかって。眠気覚ましのアメやガムを用意するくらいの気配りを。

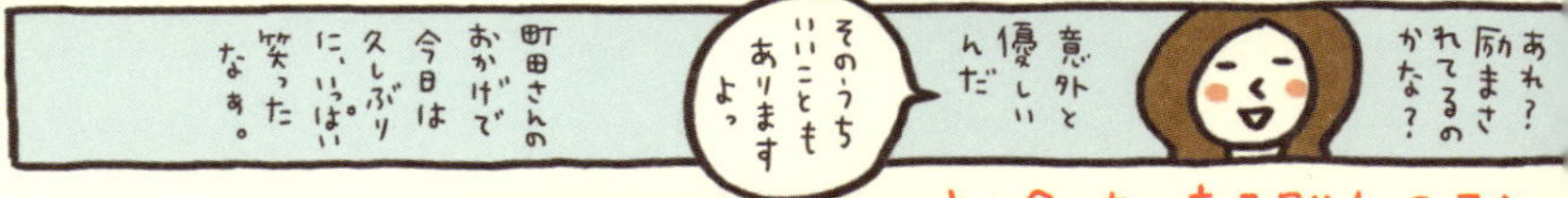
あれ？励まされてるのかな？
意外と優しいんだ
そのうちいいこともありますよっ
町田さんのおかげで今日は久しぶりに、いっぱい笑ったなぁ。

また会いたくなる別れのマナー

今日は楽しかったです。ありがとうございました

お別れのあいさつは、車の窓を下げてから。

ゴミは持ち帰る

小さなビニール袋を用意し、車内で出たゴミは袋に入れて持ち帰るように。灰皿にゴミを入れるのは危険なのでやめましょう。

目を見て素直な気持ちを伝えましょう。

手を振るときは皇室のかたを参考に。指先を揃えた手を胸と肩の間くらいの位置に置き、顔と平行になるように斜めに傾け、手先だけで小さく振りましょう。相手が見えなくなるまで見送って。

訪問とおまねきの心得Ⅰ〈訪問するまで〉

Before Visiting

「肉の神様」でデート中に…
週末、家で焼肉パーティなんだ
おいでよ
…ということで3回目のデートは彼の家に行くことになりました

よし、あと10分だ
お土産も買ったし
洋服も今回は大丈夫だと思うし、

訪問時間をみはからって

相手の都合を優先するのが基本。訪問先から言われない限り、食事の時間帯は避けて。訪問は約束時間の前後5分を目安に。遅れるときは、遅刻することが分かった時点で連絡を。

服装は清潔感第一

素足であがるのは不潔なので厳禁。ひざ下くらいのふわっとしたスカートなら、脚を崩しても見苦しくならず安心。化粧や香水もひかえめに。ブーツは脱ぎ履きに手間がかかるのでオススメできません。

手土産はふろしきに包んで

相手の好物がわかればベストですが、お菓子、果物、お花、お酒などが一般的。人数も考えて用意します。お店の袋よりも、ふろしきに包んだほうが上品です。

お部屋はキレイに

玄関・お手洗いはとくに入念に。季節のお花を用意して、おもてなしの気持ちを演出して。

かあちゃん、派手に飾りつけ過ぎじゃない？
いーのいーの。おもてなしの心を表現しているんだからさ
ようこそ!!

ここんとこお風呂入ってないから
あっちの部屋で待機ね

ペットの注意点

匂いに注意。ペットが苦手な人もいるので別の部屋に隔離しておくなどの気づかいを。

子ども連れの来客の場合

子どもが退屈しないよう、お菓子やおもちゃを用意。壊れたら困るものは片づけておく。

陸ちゃんは子どもじゃないよ
退屈させちゃ、かわいそうでしょ
人生ゲーム

訪問とおまねきの心得Ⅱ〈玄関先にて〉

At the Door

コート類は脱いで

おじゃまする前にみだしなみの確認を。コートや手袋はチャイムを押す前に脱いでおく。家に上がるかどうかわからないようなときは、コートは脱がず、「着たままで失礼します」とひと言。

濡れた傘は

外で傘のしずくをはらい、家人にどこに置けばよいか聞く。

ごあいさつ

爽やかな笑顔であいさつ。

こんにちは、はじめまして。山川陸と申します。大吉さんにはいつもお世話になっております

上がるときには、

おじゃまします

人にはお尻を向けない

動作の基本なのでつねに心がけて。人でなくても、仏壇など神聖な場に対しても同じこと。

靴を脱ぐとき

①玄関の中央で家人と向かい合ったまま靴を脱ぎ、

②相手になるべくお尻を向けない体勢でひざまづき

③靴の向きをなおし、揃えて端によせます。

彼の名前を呼ぶときは

ご両親の前で、いつものように彼を呼びすてにしたり、"ちゃん"づけやあだ名で呼ぶのは、なれなれしすぎて失礼。友だちのお宅におじゃましたときも同じく、名前は"さん"づけするのがマナーです。

いらっしゃい。待ってたよ
さあ、どうぞお上りください
母さん、エプロンは外したほうがよかったんじゃない?

出迎えるとき

エプロンははずしておきます。スリッパを出して、コートは玄関で預かる、雨の日にはタオルを用意する、などの心づかいも。客人の靴を揃えるのは、客人を案内したあとにさりげなく。

お招き頂いてありがとうございます
楽しみにしてたのよー
お肉もいっぱい用意してあるの。さあ、どうぞこちらへ

お部屋に案内

客人にお尻を向けないよう、先に立って斜めに振り返りながら部屋まで案内します。

訪問とおまねきの心得Ⅲ〈お部屋にて〉

In the Room

客人は上座に通す

和室の場合は床の間のあるほうが上座。迎える側は、出入り口に近く給仕がしやすい下座について。

床の間がない洋室などの場合は、入り口から離れた席が上座になります。

あちらへどうぞ

相手が上座に座るのを恐縮する場合は、無理にすすめない。

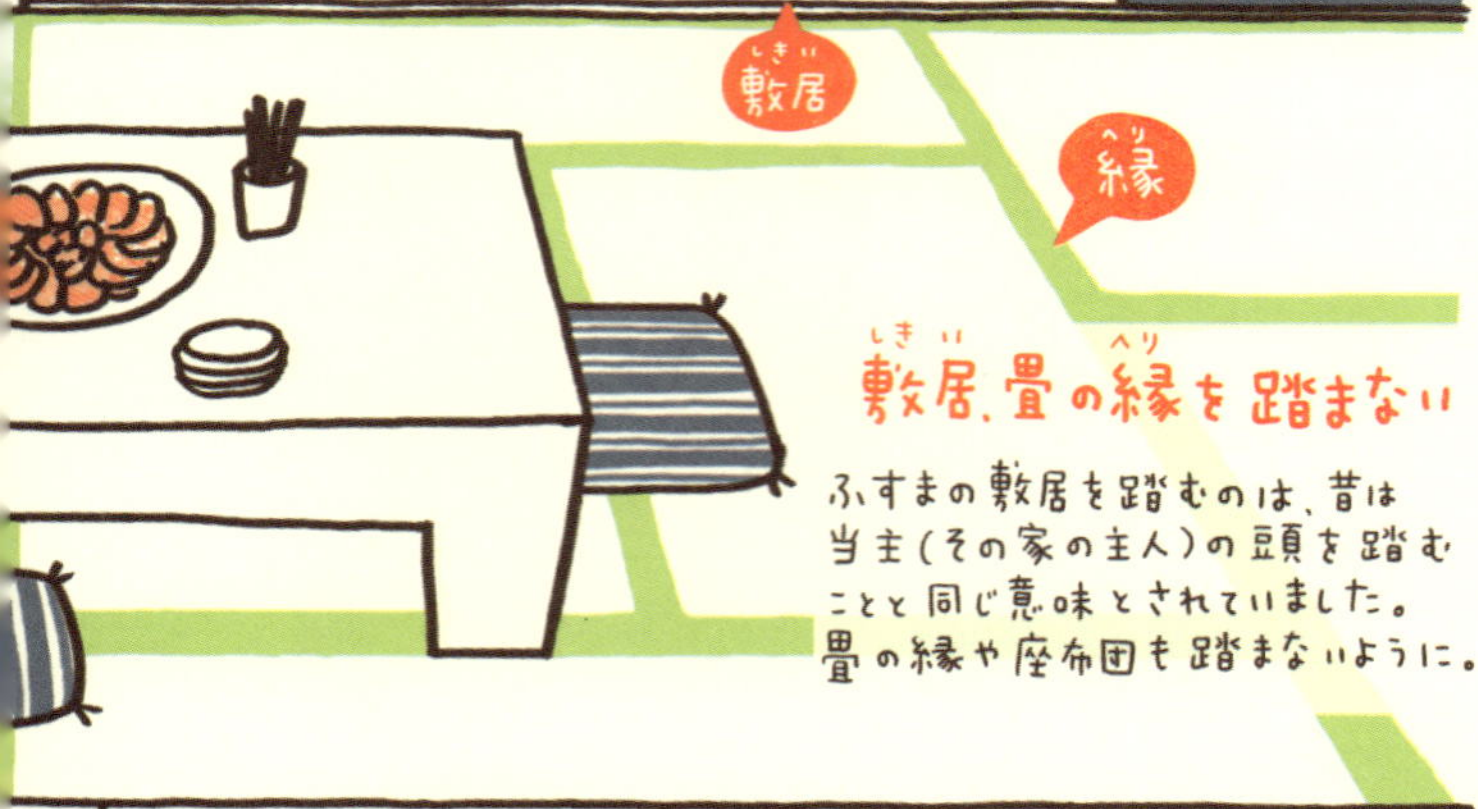

敷居《しきい》
縁《へり》

敷居《しきい》、畳の縁《へり》を踏まない

ふすまの敷居を踏むのは、昔は当主（その家の主人）の頭を踏むことと同じ意味とされていました。畳の縁や座布団も踏まないように。

手土産を渡す

ふろしきや紙袋から品物を出したら、包みはたたんで手元に置く。品物を差し出すときは、「つまらないものですが」と言うより、「おいしいので持って来ました」「私も大好きなので、お召し上がりいただきたくて」などがベター。

果物、生花、生鮮食品などの傷みやすいものは、玄関先で中身を伝えて渡したほうがよい。

以前、大吉さんにお母様はカエルチョコがとってもお好きだとうかがったので…

客は案内されてから上座に

〈洋室〉相手がいないときは下座に座って待ち、現れたら立ち上がってあいさつし、勧められた席に座る。

〈和室〉あいさつをすませるまでは、座布団をはずして畳の上で正座して待つのが作法。

〈洋室〉
①
②
③
④

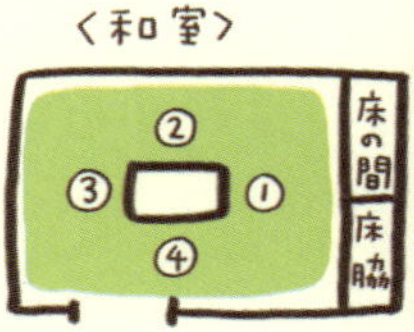

〈和室〉
①
②
③
④
床の間
床脇

座布団に移るときは、座布団を引き寄せたりせず、正座のままヒザでにじり寄るようにして座ります。

いただいたらお礼を

手土産は置いたままにせず、下がるときに持っていく。正式な場以外なら、一緒に食べても可。

名産品ならそれについて会話も。

まぁ!
お気づかいいただいて、ありがとうございます
これおいしいのよね～
おもたせですが、焼肉のあとに、一緒に食べましょう!
カエルチョコ
スペシャル

訪問とおまねきの心得Ⅳ〈お茶、お菓子〉

Tea and Sweets

…それで、空先輩に、結婚式の二次会の司会をお願いしたいのですが
もちろんOKだけど、海ちゃんじゃなくて、私でいいの？
え、ゆーことで空ちゃんヨロシク
空先輩がいいんです。海先輩は、酔払って絶対に余計なこと言いますもん。

…という訳で日曜日、2人が打ち合わせを兼ねてあいさつに来てくれました。
はじめまして
彼です

相手の好みを聞いて出す

「コーヒーと紅茶どちらがいいですか？」のように、具体的に選択肢を伝えたほうが親切。食事も、出す前に相手の苦手なものを聞いておけば、後で気まずくならない。

コーヒーと紅茶どちらがいいですか？
すみません、コーヒーは苦手なんです
では紅茶にしましょう
茶碗がかけていたり、茶渋がついているのは失礼。準備の段階で確認を。

お茶の出し方

お盆をいったんテーブルに置いてからお茶を出す。お盆を持ったまま出すウェートレス運びはNG。

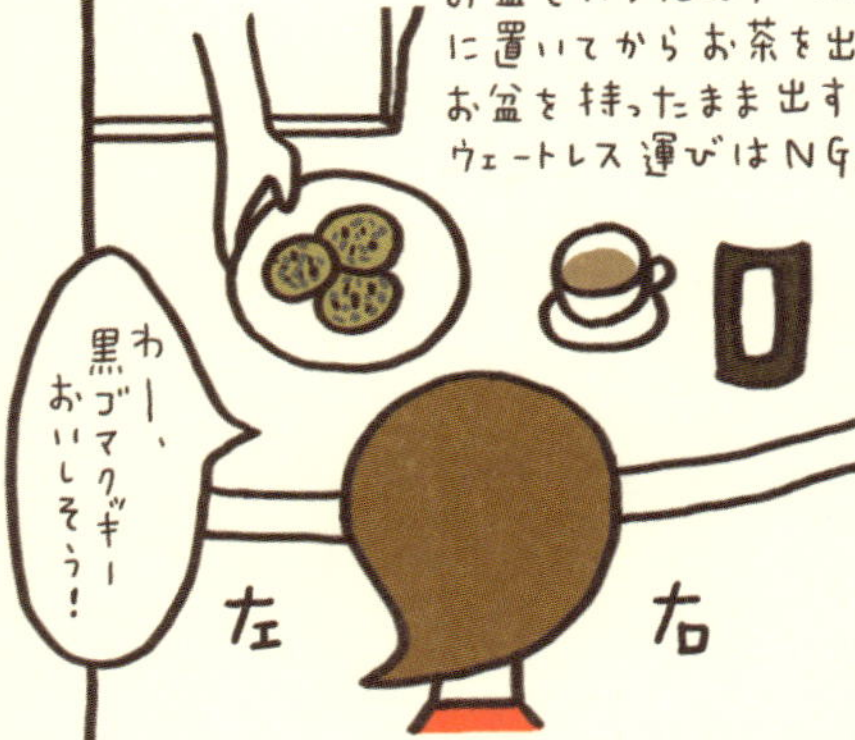
わー、黒ゴマクッキーおいしそう！
左
右

出し方は客人から見て左側にお菓子、右側にお茶、一番右におしぼり。おかわりは30分をめどに、冷めたら入れ替える。

～をお願いします

飲み物や食べ物を聞かれたら、「○○でいいです」（どうでもいい感じ）よりも、「○○をお願いします」と言ったほうが感じよく聞こえます。

私も紅茶をお願いします

食べにくいものは出さない

パイ、ミルフィーユ、きなこや黒ゴマをまぶしたようなもの、硬いせんべいなど。こぼしてしまうもの、口もとが汚れるもの、食べにくいものなどは最初から出さないのが心づかい。

あ…
ボロボロ…
やだ～食べ方ヘタだねー
りかちゃんお歯黒…
ごめん

手つかずは失礼

お茶もお菓子も、すすめられたら遠慮なくいただく。苦手なものでも、少しは口をつけて。

訪問とおまねきの心得V〈おいとまのとき〉

When You Take Leave

ごちそうさまでした

お片づけのひと言を

空いたお皿は勝手に片づけたりせず、家の人が片づけをはじめたら、

何かお手伝いをすることは、ありませんか？

と聞いて。

いーからゆっくりしてて

「手伝って」と言われればお手伝いをし、「そのままでいい」と言われれば素直に従います。

早めのおいとまが、丁度いい

あいさつ程度の訪問は1時間が目安。タイミングを見て、

そろそろ失礼いたします

と自分から切り出します。

今日はありがとうございました

とあいさつをすると同時にイスから立ち上がったり、座布団から降りるのがポイント。同時に動かないと、引き止められてタイミングを逃がしかねません。

・時計を見たり荷物をまとめたりして、動きで相手に察してもらう方法も。相手が気づいた時点で、切り出して。

・「ごめんなさい。もう帰らなくてはいけないの」と言うより「ごめんなさい。楽しくてすっかり長居してしまって」と、長居してしまった自分の行為を謝る言い方に。

あらあまだいいじゃない

もう？

お名残り惜しいのですが…

一度は客人を引き止めるのがマナー。ただし、相手を無理に引き止めないこと。もてなす気持ちがあるなら食事の用意を。逆に、そろそろ帰ってほしい場合は、時計を見たり、正直に次の予定があることを告げて。

もっとゆっくりしていけばいいのに。なんなら泊まっていったらどお!?

ありがとうございます…今日はおいとまします

宿泊を無理強いしない

女性はとくに、化粧品や着替えなど身支度の問題もあるので、急な宿泊は気がひけるものです。

お見送り

客人の忘れ物がないか確認したら、コートや靴ベラを用意

②
①

自分でスリッパ立てに戻すのは失礼

スリッパを揃えるのは靴を履いてからでOK。①スリッパを脱いだら先に靴を履き、②上がり口の隅の方にスリッパのつま先を室内に向けて揃えます。

靴ベラを使うときは、右足は右手で、左足は左手に持ち替えて。

駅まで送ってくるよ
おじゃましました

家人は訪問と手土産のお礼を述べて

お気をつけてお帰りください
またいらっしゃい

のひと言を。

お見送りは、玄関の扉までよりもマンションならエレベーターホール、一軒家なら門までのほうが、客人との親密度もアップ。

お別れした後の余韻を大切に

玄関で見送った場合、客人が去ってすぐにガチャリと鍵を閉めたり、門灯を消すようではそれまでのおもてなしが台無し。客側も、出てすぐに大声で話すと、内容に関わらず相手も気になるので注意して。

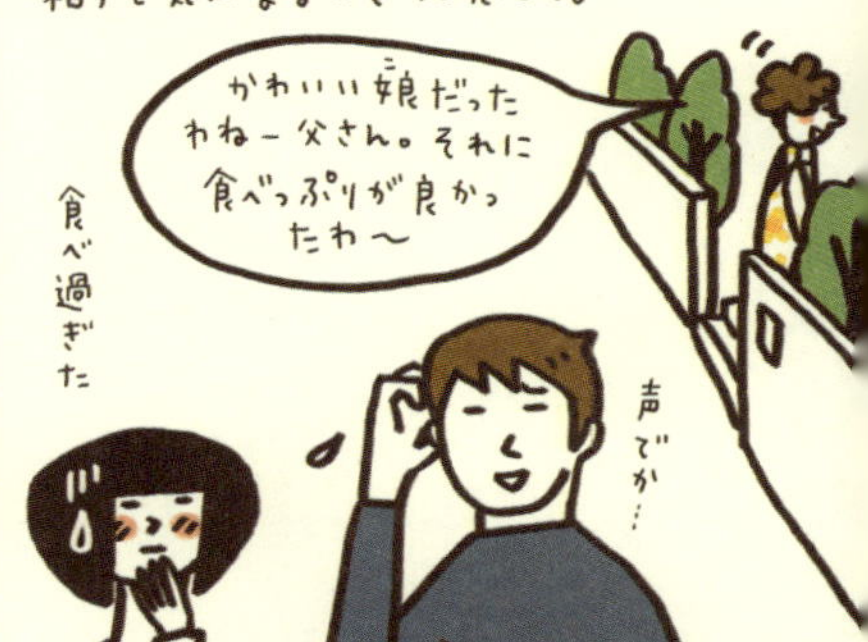

かわいい娘だったわねー父さん。それに食べっぷりが良かったわ〜
食べ過ぎた
声でか…

お礼状は3日以内に

自宅についたら、無事に帰宅したことを電話で伝え、もてなしのお礼を述べます。あらたまった訪問の場合は、はがきで簡単なお礼状を出します。その際、鉛筆は失礼なので、必ず黒か紺の万年筆や水性ボールペンを使って。

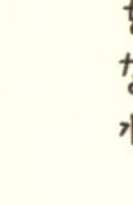

お礼状のマメ知識

仕事上で相手の勤務先にお礼状を送る場合、封書だと内容をヘンに怪しまれることもあるので、ハガキが基本。ただし、他人に読まれて困るような内容であれば封書にするなど使い分けを。

ホームパーティの心得

Hints on Having a Party at Your House

陸、最近ハッピーなんでしょ？ ふられんぼうの私に、彼の友だちを紹介してほしいな、なんて……

いいよ。ホームパーティでもする？

する!! 陸ちゃんステキ♥

何かお持ちしましょうか？

ゲスト側が、ホストにかかった費用（金額）を渡そうとしても受け取ってもらえないことが多いので、手土産を持参するとよい。

事前に、ホストに何がよいか聞いておいたり、参加者同士が知り合いなら、話し合って分担しても◎。 ホスト側も、手土産を申し出るゲストが現れたら、サラダやデザート、その人の得意料理などを素直にお願いするとよい。

季節感の演出
旬の食材を使った料理や、旬の花をあしらうなどして季節感を演出。鍋は、初対面の相手とは嫌がる人もいるので注意して。

いいよと言ったもののホームパーティなんて初めて。うまくいくかな…

ドリンク類は、お酒はもちろん、ソフトドリンクなど、いろいろな種類を揃えて。

種類によってはグラスも冷やしておく配慮も必要です。

陸ー、いろいろ持ってきたよー！

おじゃまします
こんにちは

郵便はがき

恐れ入ります
が、切手をお
貼りください

1 4 5 - 8 5 0 2

東京都大田区上池台4－40－5
学研　学校・社会教育出版事業部
「暮らしの絵本」編集部

●ご記入いただいたご住所やお名前などは，応募者へのプレゼントの送付，企画の参考および商品情報のご案内の目的のみに利用いたします。他の目的では使用いたしません。それらがご不要の場合はご記入いただかなくても結構です。

ご住所 お電話	〒 電話　（　　）		
メール アドレス	@		
氏《ふり》 名《がな》		男・女	歳
ご職業			
ご購入 時期	月（上旬・中旬・下旬）	購入 書店	

学研・編集部より企画のためのアンケートのお願い，商品のご案内等をお送りする場合があります。ご不要の場合は，右の枠に×を記入してください。
※今回ご記入いただいた個人情報に関するご依頼・お問い合わせは学研　学校・社会教育出版事業部（電話：03-3726-8534）までお願いいたします。
商品に関するお問い合わせ窓口ではありません。

「暮らしの絵本」愛読者アンケート

◆ご購入されたシリーズの書名をお教えください

（　　　　　　　　　　　　　　　　　　　　　　　　　　　　　　　　）

◆本書を何でお知りになりましたか？

1．広告・書評で（媒体名　　　　　　　　　　　　　　　　　　　　　　）

2．書店の店頭で

3．その他（　　　　　　　　　　　　　　　　　　　　　　　　　　　　）

◆皆様自身が体験した、あるいは見聞きした出来事で、マナーに関する感動的な（あるいは心あたたまる）エピソードがありましたら、お教え下さい。

＊なければ空欄で結構です。

◆今後、このシリーズで読みたいテーマ、内容をお書き下さい。

（　　　　　　　　　　　　　　　）（　　　　　　　　　　　　　　　）

◆その他、この本についてのご感想をお聞かせ下さい。

☆ご協力ありがとうございました。

ゲスト同士を紹介
ホームパーティの目的の一つは、友人同士を引き合わせること。ホストはその場にいるゲストの接点になる話題を提供するなどして、初対面同士でもスムーズに会話できるよう配慮して。
海ちゃん
こちら、村松大吉さんと、お友だちの…
川本です
山下です
よろしく
ホスト役がオーダーをとる
ホスト役はお酒のオーダーをとります。初対面同士の会話も弾むし、食欲も増進させる効果もあります。
お飲みものどれになさいますか
ゲストが楽しめるよう気を配る
みんなが楽しめるような会話を提供し、つまらなそうにしている人がいたら声をかけるなどの気づかいを。
リカちゃん楽しめてる？大丈夫？
食べに徹してるので大丈夫です
ホストも会話に参加して
ホストの大切な役割は、場を盛り上げること。ホストも参加できるよう、料理は温めるだけですむようなものを事前に用意しておく。基本的には、手間のかからず、取り皿なしでも食べやすい、オードブルやピザなどのパーティメニューでOK。
あ～、料理間に合わないよー。こんなことなら焼肉パーティにすればよかったよ
ホストが働いてばかりにならないよう招かれた側も配慮を。
陸ちゃん、手伝おうか？

みだしなみ
みだしなみ・・

第2章

公共の場で気持ちよく過ごす、マナーとルール

電車でのマナーI

Manners on a Train I

座り方

女性はヒザを閉じるのはもちろん、脚をナナメに流すと隣りの人のジャマになるのでまっすぐに立てて座りましょう。バッグはヒザの上に寝かせずに立てて持つように。手と手は離すよりも、バッグの中央に揃えたほうがエレガントに見えます。

携帯電話

携帯電話の電波は、心臓ペースメーカーなどの医療用電子機器に影響を与える恐れがあります。優先席付近では電源をOFFに。

連結ドアの開閉は静かに

とくに、閉じるときは手を添えて音を抑えて。開け放していくのは周囲に迷惑です。

ガチャン
あーっ海ちゃん空ちゃん!
車内でのメイクはNG。女性専用車だとしても気を抜かないで!
ヘッドホンの音モレ&車内での飲食注意!
声のボリュームにも注意!
注意
注意

席をゆずるのが微妙なときは

「お年寄り扱いされるのを嫌うかも？」「妊婦？それとも太っているだけ？」など、席をゆずるのを迷う相手の場合は、何も言わず降りるふりをしてさりげなく席を立てばOK。

眠るなら子犬のように

どうしても眠いときは、バッグの上に両手を揃え、うつむき加減でかわいらしく。イメージは「子犬のように」です。

盲導犬は「温かい無視」が正解

電車の中に限らず、ハーネスをつけた盲導犬は仕事中です。触ったり、食べ物を与えたり、声をかけたり、じろじろ見たりして犬の集中力を防げると、使用者に思わぬ危険がおよぶこともあります。

電車でのマナーⅡ

Manners on a Train II

うをっ
傘は体につけて まっすぐに持ちましょう。
降りる人が先
出入口では、「降りる人が先」。
カエルチョコ 発売中
カエル温泉へ
スリにあわないために
カバンの中身が丸見えなのはスリを誘っているようなもの。カバンのフタは必ず閉めて、フタがない場合は、フタ代わりに上からハンカチやストールなどをかけて中が見えないようにしましょう。

カエルチョコ
カエルランド
端が一等席
他人と接しない端の席は、いわば一等席。上司または女性には端側の席を勧めましょう。
荷物は周囲の人がジャマにならないよう、ヒザの上や網棚に。つり革やポールにつかまるときも、周囲への気づかいをお忘れなく。
今日もつかれたねー
うっ
ゆっくり温泉とか行きたいね
持ち手の向きに注意
傘の持ち手のつながっていない側を外側にすると、傘が外側に傾くので注意。
乗り降りするとき
満員状態で降りるときは、無言で人を押しのけるのではなく、「すいません。降ります」とひと声かけて。ドア付近に立ったときは、降りる人のジャマにならないよういったん降りるなどの気づかいを。
傘を閉じたら、必ずヒモを留めて。
お、降ります

新幹線、飛行機でのマナー

Manners on a Bullet Train or a Plane

シートを倒すときは

リクライニングシートを倒すときは、「倒してもよろしいですか？」と、後ろの人にひと声かけて確認を。倒したシートは、降りるときにもとに戻しておきましょう。飛行機の場合、前の人のシートが倒れていると立ちにくいものですが、自分の肘掛けに手をついて立ち上がるとすんなり立てます。

お隣りの人へ

お手洗いに立つときや食事を渡すときなど、この先お世話になることもあるので、会釈などで軽くあいさつしておきましょう。ポイントは笑顔です。

また、窓側の席のように、隣りの人をまたいで通路側に出る場合、「前を失礼します」とひと声かけて。

他人の服を汚した

飲み物をこぼしたりして他人の服や持ち物を汚した場合は、心からお詫びを。

そして清潔なハンカチなどを差し出すなどしてできる限りフォローをし、お詫びとしてそれに見合うクリーニング代を渡します。きちんと謝りもせず、「お金を渡すのだからいいだろう」という態度は、余計問題をこじらせることになりかねないので気をつけて。

クリーニング料金の目安

シャツ・ブラウス	500円～
ズボン・スカート	1000円前後～
上着・ワンピース	1000円～
コート	2000円～
革の上着	5000円～
着物	7000円～

※料金は、素材やデザイン、クリーニング方法により異なります。

携帯電話

新幹線での通話はデッキに出て。飛行機の場合、携帯電話が発する電波が計器に影響を与える恐れがあるので、必ず電源を切ること。

食事をする場合

車内や機内で食事をするときはニオイの問題のほか、テーブルを出すことで通路に出にくくなる(自分が通路側の場合)ので、「食事をしますがよろしいですか?」と、隣りの人にひと声かけましょう。

自分の席に他の人が座っていたら

「そこは私の席です」とは切り出さずに、「恐れ入ります。座席番号は何番ですか?」とたずねて本人に間違いかどうか確認してもらうのが一番。

目にあまる客がいたら

大声で話しをするグループやそばに親がいながら走り回る子どもなど、目にあまるようなら、車掌や客室乗務員に事情を話して注意してもらいましょう。自分で注意するよりも角が立たずにすみます。

切符はすぐに取り出せる場所に。

列に並ぶときのマナー

Manners to Stand in Line

よしおくん、女子トイレ混んでるから先に行ってて……っと
ピッ
ピッ
寒いよ〜つめてくれないかなーっ
後ろはあちらですよ
もれちゃう〜
お先にどうぞ

せき止めているのは誰？混雑具合に合わせて前後の間隔を調節しましょう。

困った人が現れたら…

割り込む人が現れたら、怒り口調にならず、うっかり間違えた人に言うように

「いちばん後ろはここですよ」

「皆さん並んでいますよ」

と、平常心で言うのがポイント。

ときには臨機応変に。

ひと声で解決することもある

■人数の関係で、前に並んでいた人よりも自分が先に案内されたとき
←「お先に失礼します」

■明らかに自分よりも先に並んでいた人に対して
←「お先にどうぞ」

■どこに並んでよいかわからない場合
←「並ばれていますか？」「こちらが列の最後ですか？」

■ひとりで並んでいて、その場を離れなくてはいけない場合
←「すぐに戻ってきますので」

仲間の分まで並ぶときは

後ろの人に、「後でもうひとり来ます」などとひと声かけて、相手に余計な期待をさせないように。

エレベーター、エスカレーターのマナー

Manners in an Elevator or an Escalator

エレベーター

乗ってくる人を確認

ほかに乗る人がいる場合は、「開」ボタンを押して乗るまで待つこと。また、乗る人が多い場合は、先に乗った人がみんなが乗るまでドアの「開」ボタンを押しておきます。

定員オーバーのブザー

人を案内するときの基本は、「先乗り後降り」ですが、混んでいてブザーが鳴りそうなときは相手に先に乗ってもらう配慮も。また、自分が乗って満員のブザーが鳴った場合は、すみやかに降りましょう。

ボタンを押してもらうとき

混雑や位置の関係でボタンを押しづらそうな人が現れたら「何階ですか?」と聞いて。自分でボタンを押せないときは操作盤に近い人へ「○階を押していただけますか?」とお願いしましょう。押してもらったら、「ありがとうございます」と笑顔でお礼も忘れずに。

降りるとき

混雑しているときは周りの人に「恐れ入ります、降ります」とひと声かけて。混雑時にドアの付近にいて降りる人のジャマになりそうな場合は、電車のときと同じくいったん降ります。最後に降りる人は「閉」ボタンを押しながら降りると閉まるまでのロスタイムが短縮できてスムーズ。

エスカレーター

片側は歩く人用

関東では、進行方向に対して左側が立ち止まる人、右側が急ぐ人（右側歩行）という暗黙のルールがあります。その逆で、左側歩行の地域も。

歩く人の進行をふさがないよう注意しましょう。

荷物はジャマにならないように

人とすれ違うときにカバンが当たらないように、荷物は人の反対側、または体の前で持ちましょう。

あなたのちょっとした心配りが、誰かをいい気分にさせる…。
想像したらワクワクしてきませんか？

必ずノックを

トビラが閉まっているときは、いきなりドアを開けず、必ずノックをして確かめましょう。

フタは閉める

とくに男性は、便座を上げたままにしないこと。洋式のトイレのフタは使用後に閉めましょう。女性のサニタリーボックスのフタも同様。他人の家におジャマしても、いつものクセで閉め忘れる人も多いとか。日ごろから注意して。

三角折りは×

切り口を三角に折るのは、ホテルなどの清掃スタッフが行う「清掃済」のサインで、一般の人が折るのはオススメできません。

また、ペーパーを使い終わったら次の人のために補充を。

スリッパは、次の人が使いやすいように向きを揃えて。

もしもしっ 聞いてるの?! わたし 絶対に別れないからっ。奥さんに言いつけてやるわっ いいわよね

公共のお化粧室での電話は注意。電話の声や内容が気になって、落ち着いていられません。

洗面台の回り

使用後に髪の毛や化粧品の粉が落ちていたり、水びたしになっていることがないよう、ティッシュで拭きとって。お化粧直しをするときは、手を洗う人のジャマにならないよう注意しましょう。

他人の家におじゃましたときなど、お化粧室にゴミ箱がないときは、ゴミはバッグに入れて持ち帰りましょう。

キチンとした姿で

洋服を整えながら出てきたり、手を拭きながら出てくるのはいただけません。身支度はトイレ内でしっかりすませて。

お店での振舞い

Behavior at a Shop

試着するとき

洋服の試着をするときは、商品を汚さないようスリップなどの下着を着ていきましょう。

頭からかぶって試着する場合は、用意されたフェイスカバーを使って。

試着で商品を汚したりボタンがとれた場合は、ごまかさず、店のスタッフに正直に申し出て。

靴の試着をする場合も、裸足はNG。お店によっては、試着用のストッキングを用意しているところもあります。

試着後気に入らなかった場合は

いかがでしたか?
では 別のタイプのものをご案内しますね

私がイメージしていたのとは ちょっと違ったみたい。残念です

と笑顔で。
勧められたものを断る場合も、「ステキだけど、今私が欲しいものと少し違うので」と、品物を悪く言うのではなく、"私"を主語にした主観を伝えると角が立ちません。

店員さんにつきまとわれたくないとき

ひとりで気ままに見たいときは

ひとりで見ますので 案内は 大丈夫です。ありがとう

と笑顔で伝えます。

写真撮影

お店によっては、店内での撮影をいっさい禁止しているところもあります。「買うか迷ったので携帯電話で撮っておきたい」などという場合も、勝手に撮らず、必ず店側に確認をとりましょう。

グラッ
パシャッ
わー、かわいい いつか誰かに おねだりする ために…

手にしてよいものかを確認を

高級な革製品など、手袋が用意されており、素手で触れてはいけない商品もあります。ディスプレイのところに「ご覧になりたい方は、お声をおかけください」などとあるときは、注意。また、高いところにあるなど商品が取りにくい場合は、無理せず店の人にお願いしましょう。

試食はひと口まで。欲張りは禁物です。

んー うまいよ
ランチは試食ですみそうだね
メロンパンも食べるけどねー

そっ…

カードでの支払いのサインをし終わったペンは無造作に放り投げたりせず、そっとテーブルに置くとエレガント。

予約時間に遅れそうなとき

美容院やエステサロン、レストランなど、予約時間に遅れそうなときは、わかった時点で連絡を。

一時間ほど遅れます

その際、さらに遅れることはさけたいので、到着ギリギリの時間ではなく、ゆとりを持たせた時間を伝えましょう。

店員さんを味方につけるコツ

Hints on Making an Ally of a Clerk

Hair Salon
髪でも切ってスッキリしよう

感じのいい人だな
いらっしゃいませ！
にこっ

お店の人への配慮も

自分がお客の立場だとしても、店員さんに対する敬意を忘れずに。「いらっしゃいませ」と言われたら、無視せずに店員さんの目を見て軽く会釈。

また、品物を選んだり、取ってきてもらった場合は、「ありがとう」と笑顔でサービスに対するお礼を。何も買わずに出る場合も、「おじゃましました」の気持ちで会釈。

初めてのお店では、職業などのライフスタイルに関する情報を伝えましょう。それによって、清潔感、ゴージャスさ、女性らしさ、手入れが簡単…など、何を優先すべきかわかるのです。

美容院でのポイント

「おまかせします」と言ったのに、出来上がった後で文句……はお互いに避けたいもの。最初の段階できちんと相談すること。

「自分をどんな風に見せたいのか」伝えたら、髪の量や質・顔の形などの現実問題と照らし、自分がキレイに見えるのはどんなスタイルか、プロに判断してもらいましょう。

すこし軽くしたいのでレイヤーを多めに……
どうしますか？

ハリウッド女優みたくしてください
NG!!

美容院に行く場合、作業のジャマにならないよう、襟もとがスッキリとした服装にし、ネックレスやイヤリングは外して。

ヘアスタイルの参考になるよう、自分のおしゃれセンスが伝わるような格好で行くと◎。

すいているときに

店員さんにていねいな対応を望むなら、混んでいるときは避けて。

flowers
陸の誕生日に花でも贈ろっと♪
プレゼントを探すとき
「相手の情報（年齢や職業、趣味や好みなど）、プレゼントの目的、値段」など、店員さんに伝えるときは具体的に。
同僚の誕生日プレゼントなんです。
26才です。地味なタイプですが、結構カワイイものが好きです
あ、バラは昔の男を思い出すから嫌いらしいです
花を贈るときは、相手が好きな花・嫌いな花があればそれも伝えて。
かしこまりました
このあたりのお花で、カワイイ花束つくりますね
プロのアドバイスで思わぬプレゼントがみつかることも。気に入ったものが見つかったら「あなたのおかげでよいものが見つかってよかったわ。ありがとう」などと感謝の気持ちを伝えて。

ブティック chica
洋服でも買うか
気に入った店員さんがいたら名前を覚えておくこと。お礼を言うときに「〇〇さん、今日もどうもありがとう」「〇〇さん、またよろしくお願いしますね」と名前を添えると親密度も増し、店員さんの印象にも残りやすいもの。「〇〇さんはいらっしゃいますか？」と指名することもできます。
山川さま いらっしゃいませ
塚田さん 今日はカットソーが欲しいんですが……
こういう明るい色もお似合いですよ
ほんとだ
コンプレックスを伝えておきます
洋服などを選ぶとき「顔が大きい」「背が小さい」「いかり肩」など、自分自身にコンプレックスがある場合は、その旨伝えて目立たないものを選んでもらうのも手。信頼できるプロスタッフに第三者の目で判断してもらうと、思いがけない魅力を発見できる場合も。

洋服選びの豆知識

顔が大きい

襟がつまったものよりも、

襟ぐりが開いた服の方がスッキリ見えます。

タートルネック　シャツの襟を留める　Vネック　シャツの襟を開けて着る

イカリ肩

肩を強調しないもの。

ラグランスリーブやドルマンスリーブのように袖山があいまいな服や、フリルなどで視線をそらすデザインが◎。

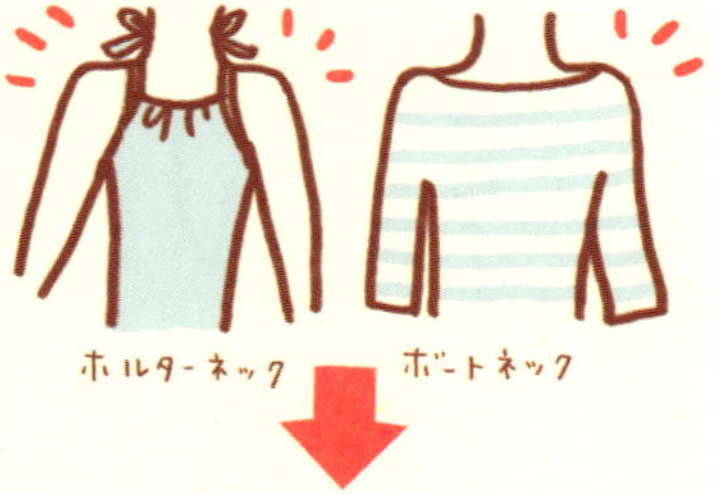

ホルターネック　ボートネック

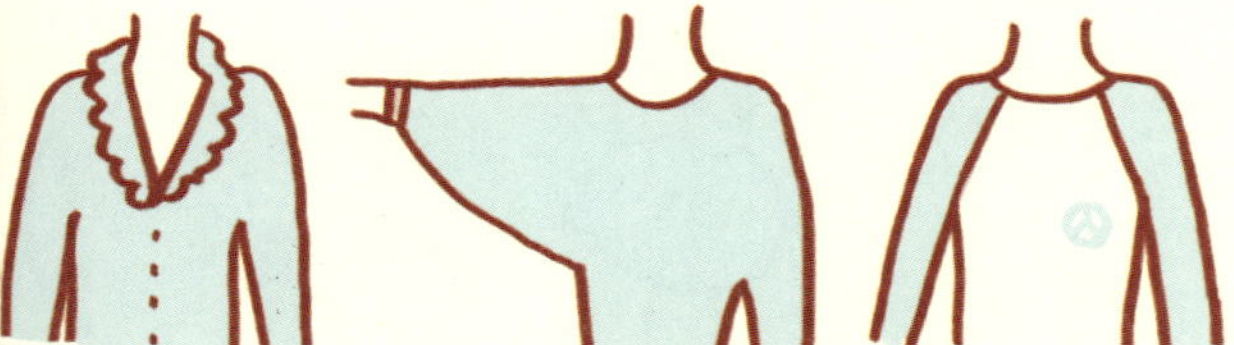

Vでフリル　ドルマンスリーブ　ラグランスリーブ

○○が太い

一番細いところで丈が切れていると、細さが強調されるという視覚的な効果が。丈が太いところで切れていると余計その太さが強調されます。

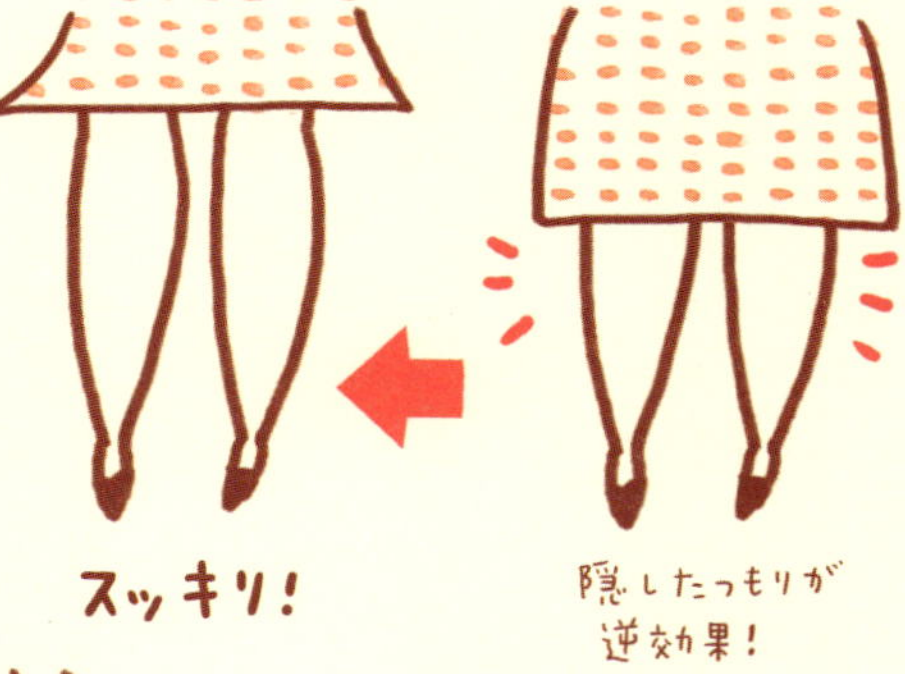
スッキリ!
隠したつもりが逆効果!

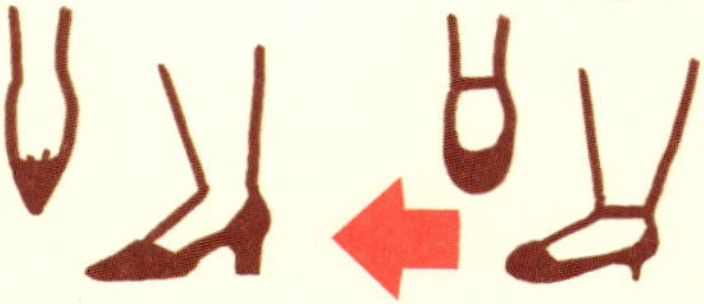

たくましい脚の人が、ヒールの細い華奢なデザインの靴をはくと、かえって太さが強調されます。つま先は、丸いデザインよりも、はきこみが浅く、つま先がとがった靴の方がすっきりと見えます。ストラップも注意。

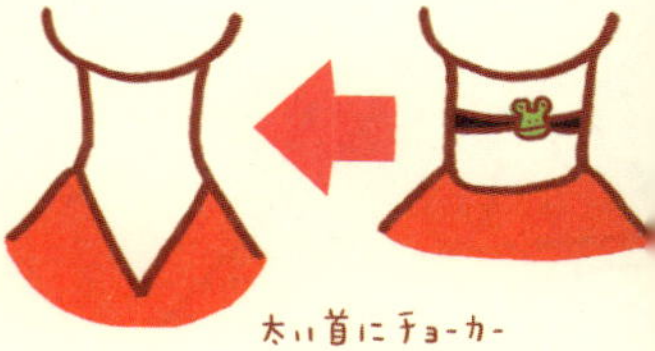

太い首にチョーカーをすると、首の太さが強調されてしまいます。

胸が大きい

襟元が開いた服のほうがスッキリ見えます。袖丈も胸と同じ高さにならないほうが視線をそらせてグッド。リブ編みなどのフィットする素材は避けたほうが無難。

スッキリ!

映画館や劇場でのマナー

Manners at a Cinema or a Theater

誘われたときは

焼肉以外のデートって初めてだねー
映画どれ観る?
私、ホラーは苦手なんです
火のたま次郎の

上映前、上映中の作法

「恐れ入りますが、席を詰めていただけますか?」、詰めてもらったら「ありがとうございます」とお礼の言葉を。

空席に荷物があって座れないときは

すみません、こちらの席、よろしいですか?
ボリボリ

とたずねて。「よろしいですか?」という言い方は、自分の意思を伝えつつ意思決定は相手にゆだねられる効果的なフレーズです。

暗いからといっても姿勢はキチンと。意外と視界に入っています。お菓子を食べながら映画を観るのもエレガントとは言えません。

観終わったら

誘ってくれた人にすぐに感想を伝えて。

●相手の趣味に合わせたけれど、それほど面白くなかった映画作品批評は避けて。

普段、このジャンルはあまり観ないから、なおさら新鮮で面白かったわ

誘われたら相手の好みに合わせるのも大切ですが、見た後にしらけるような映画や演目は避けたほうが無難（まだ親しくないうちはとくに）。また苦手なジャンルがあるなら事前に言っておきましょう。
～初恋～
カエルボクサー！
遅れて入る場合などは、他人の視線をさえぎらないようにしゃがみましょう。エンドロールの途中で退席する場合も、最後まで楽しみたい人のことを考えて同様に。
マナーモードのバイブの音もうるさいので、携帯電話は必ず電源を切りましょう。
感情移入もほどほどに
やったああー
そうそう、判定ミスがあったんだよ
もうすぐ大どんでん返しがあるよね
上映・上演中のおしゃべりはそれだけでも迷惑。ストーリーのタネあかしをするなど、楽しみにしてきている人に失礼です。
あのシーンのあの部分がよかったわー
あの風景が感動的だったね
●とくに印象に残った部分を具体的に。
●映画を、お互いの考えを知るきっかけに。
映画のようなあんなシーンに遭遇したとき、大吉さんならどうする？私なら…
と会話を広げる。

ホテルと旅館の違い

場所によって違いがありますが、「顧客の要求に応えることに万全をつくすのがホテル（権利を主張しない限りサービスを受けられない西洋の文化）」で、「何も言わなくても部屋に入ればお茶を入れてくれたり、布団を敷いてくれるのが旅館（上げ膳据え膳の日本的なおもてなし）」、と考えて。

ホテルはルームチャージ料＋朝食付き（朝食なしの場合も）、旅館は一泊二食付の料金を基本とするところが多いのですが、最近ではそうした境界もあいまいに。

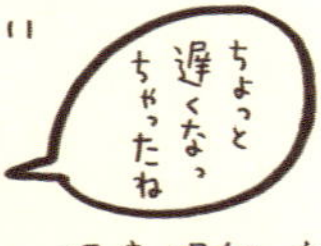
ちょっと遅くなっちゃったね

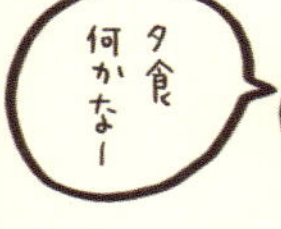
夕食何かなー

チェックイン

遅くなるときはわかった時点で連絡を入れ、何時頃に着くか伝えます。夕食付きの旅館の場合、チェックインは夕食の時間までに。到着が17時を過ぎる場合は必ず電話を入れましょう。

旅館に予約を入れるとき、食べられない食材があれば伝えておきましょう。

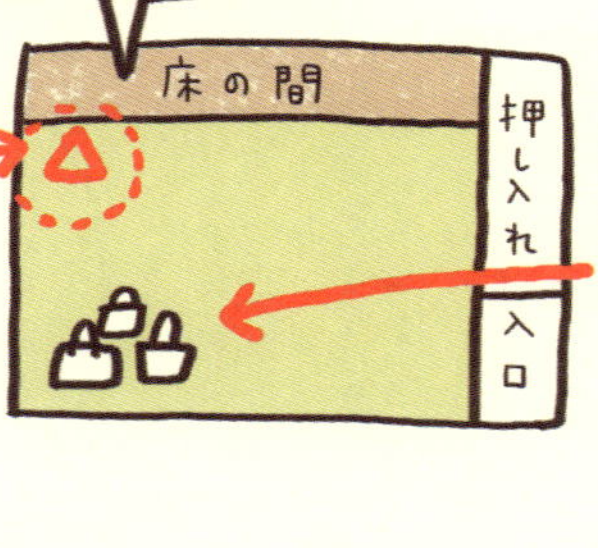
床の間
押し入れ
入口

旅館の場合、荷物はどこに置く？

入り口付近など出入りの防げになる場所はさけ、床の間から離れたところへ置きます。

床の間は季節の花やかけ軸などを飾った特別な空間。荷物を置くと、旅館スタッフのおもてなし心を台無しに。床の間の飾り棚も同様です。

旅館での"心づけ"

心づけは「これからお世話になります。よろしく」というあいさつ。料金にサービス料が含まれているので本来は不要ですが、次のようなお願いをする場合は渡したほうがよいでしょう。

・小さい子どもがいるときや、団体でお世話になるとき

・歩行が困難なので、移動の際に仲居さんの力を借りたいとき

・いい部屋が空き次第、部屋をそちらに替えたいときなど

金額の目安

相場は人数、滞在日数、宿泊料金などによっても異なりますが、4(縁起悪い)を除いた金額に。2千円～3千円が一般的のようです。金額よりも心がこもってこその"心づけ"です。

渡すタイミング

お部屋に通されて仲居さんのお話が終わったとき。「この部屋の担当の方ですか？」などと聞いて確認したら、「よろしくお願いします」と言って渡します。また、食後、仲居さんがお膳を下げに来るときに、おひつの横にはさんでおくという方法も。

包み方

ポチ袋に入れて渡します。(家で用意しておくもの)。

名前を入れておくとよい

ポチ袋がない場合は普通の封筒でも可。現金をそのまま渡すのはさけたいものですが、ティッシュで包むのはいただけません。何もない場合は、懐紙や便箋、白紙のメモ用紙ではさんで渡した方がスマート。

お金は見えてもOK

サービスに対する感謝の言葉

部屋がいい、お湯がいい、お料理がおいしい…。そのほか、心のこもったもてなしに感激したら、その気持ちを素直に伝えてみましょう。

宿のスタッフとのちょっとした会話で、さらに心がほぐれることも！

温かいおもてなしで心が安らぎました
松茸、今年初めてです

インテリアや料理、お風呂やもてなし方など、宿のこだわりに対してコメントするとよいでしょう。心づけよりも、まずはこちらを実践したいもの。

大声、物音に注意

深夜のおしゃべり、物音（ふとんを敷く音、荷物を置く音、ふすまの開け閉めなど）も、寝ている人のことを考えてひかえめに。

また、案外うるさいのが廊下での話し声。お酒を飲んだ後はとくに注意して。

…おはよう…
飲みすぎた
うん 飲みすぎた
ちょっと飲みが足りないんじゃないー？ ほらっ飲んでっ！話して
きゃ〜やめて〜

部屋を出るとき
・使ったタオル類は一カ所にまとめて。バスタブにかけるか、バスタブの中に入れておくのが「使いましたよ」の合図です。
陸ちゃん、浴衣は持って帰ったらダメだよ〜
ふとんも恥ずかしくない程度に整えておきたいもの。
やっぱりダメか…
持ち帰ってよいのは、歯ブラシなどのアメニティグッズのみです。

温泉、サウナでのルール

Rules at a Spa or a Sauna

脱衣所
混み合っていたら、早めに身支度をして席をゆずりましょう。
旅先でもふろしきは大活躍!!
荷物を小分けにできて便利なのはもちろん、お風呂場に着替えやお風呂セットを持っていくときにも便利。脱いだ服の上にふろしきをかけておけば目隠しになるし、目印にもなるので他人の物と間違われることもありません。
湯舟に入る前に体を洗って
サウナから出て湯舟に入るときも、汗を洗い流してからにしましょう。
湯舟
泡風呂、打たせ湯などは独り占めせずに、待っている人がいたらゆずりましょう。
はいチーズ
タオルや髪の毛をつけない
髪の毛はお湯につからないようにタオルやゴムでまとめて。
カメラを持ち込まない
記念に撮りたい気持ちはわかりますが、貸切りならまだしも、ほかに人がいるときは控えて。
うっ
カメラがあると落ち着かないわ
自宅のお風呂と勘違い?
使ったあとは、次の人のためにもゆすいでおきましょう。桶や腰かけの位置をちょっと整えておくだけでも印象が違います。
お湯をかぶるときは、周りの人にかからないように。

気分転換の旅行なのに、捨てるような下着で…いいの？
あがる前に水気をきって
脱衣所にあがる前に、浴室に持ち込んだタオルで体の水気を軽くふきましょう。
サウナ
場所取りしない
・横になって寝る人
・タオルを敷いて場所を確保
・大声で話す
そろそろよっちゃん来るから場所取っておこうね
洗い場
もの心のついた子どもの混浴は避けて。子どもも周囲の人も恥ずかしいもの。
子ども？
じーーーーっ
ここは私の場所さてサウナに行ってこようっと
水を使ったらお湯に戻しておきましょう。
つめたーい！ちょっと睦っ、ちゃんとお湯に戻しといてよ!!
モノを置いて場所取りしたり、自分の桶だと主張したり…。それはあなたのモノ？

のぼせた…

第3章

冠婚葬祭の作法

結婚式、披露宴に出席するときⅠ〈婚礼の流れ〉

The Process of the Wedding

結婚式

神前式、キリスト教式、人前式など
形式もいろいろ。親族や、新郎新婦と
ごく親しい友人など、限られた人だけ
で執《と》り行われることも多い。

披露宴（パーティ）

ふたりが結婚したことを、日ごろ親しくしている人たちが 披露するためのもの。友人だけでなく、親族、職場の関係者など、新郎新婦が公的立場でおつきあいしている人が多く出席することもあるので、出席するときは、ふるまいに注意して。
最近では 式は身内だけで済ませ、後日レストランなどで披露パーティを開く人も増えています。不安なときは、どんな人たちが集まる どういうパーティなのか、事前に確認を。

二次会

披露宴に参加できなかった人にも、ふたりの結婚を披露するためのもの。友人などが、ふたりのために主催します。

〈式に参加するとき、知っておきたいこと〉

。神様仏様の前で肌を出すのはタブー。女性は式の間はジャケットやストールを羽織るなどして対応しましょう。

。神前式でお神酒を飲む場合、飲めない人は無理に飲み干さず、口をつけるだけでもOK。

。キリスト教式の場合、バージンロード(新郎新婦が初めて通る神聖な場所)を、新郎新婦とその父親、立会人以外の人が踏むのはタブーとされます。参列者は壁側に沿って入場を。

〈式だけに招かれたとき、ご祝儀は必要?〉

式だけの場合、基本的にご祝儀はいりません。逆に「来ていただいたお礼」ということで、新郎新婦から引き出物や引き菓子が渡されるのが一般的です。なかには、式のあとに会費制で食事会が設けられている場合も。

結婚式、披露宴に出席するときⅡ〈服装〉

The Formal Attire

新郎新婦のためにも

親族や招待客は、出席者の雰囲気を見て花嫁あるいは花婿の交友関係や普段の様子をうかがうもの。自分のためだけでなく、新郎新婦のためにも失礼のない服装を心がけましょう。

ホテルでの披露宴

フォーマル度☆☆☆

ホテルの披露宴は礼装で行くのがマナー。

〈アクセサリー〉

アクセサリーは上品なパールが好印象。披露宴が夕方からの場合は、肩やデコルテの出たドレスにビーズやエナメル素材のパーティバッグ、宝石などの光るアクセサリーを取り入れて華やかに装って。

明るい色で会場に華を添えて

会場は、黒留袖や男性のスーツなど、もともと黒い服装の人が多いもの。女性は会場を華やかにするため、ドレスは黒ではなくできるだけ明るい色を選んで。ただし、花嫁よりも目立つ服装や、花嫁の色である白のドレスを着るのは主役に失礼。バッグや靴などの小物なら、白でも問題ありませんが、ストールは面積が広くなるので白は控えて。

〈肌の露出〉

夜の披露宴なら、胸や背中が開いたドレスでもOKですが、昼の披露宴なら肌の露出は抑えめに。式に出席する場合や、年配者の目が気になるとき、寒さ対策などに、ストールなどの羽織りものがあると便利。最近はケープやボレロなど種類も豊富なのでぜひ活用して。

カメラ
もしもの時のストッキング
くさに入れたご祝儀
最低限の化粧品
ンカチやティッシュ

〈バッグや靴〉

バッグは、荷物とパーティバッグ（会場に持ち込む用）の、大小ふたつに分けておき、大きい方はクロークに預けます。

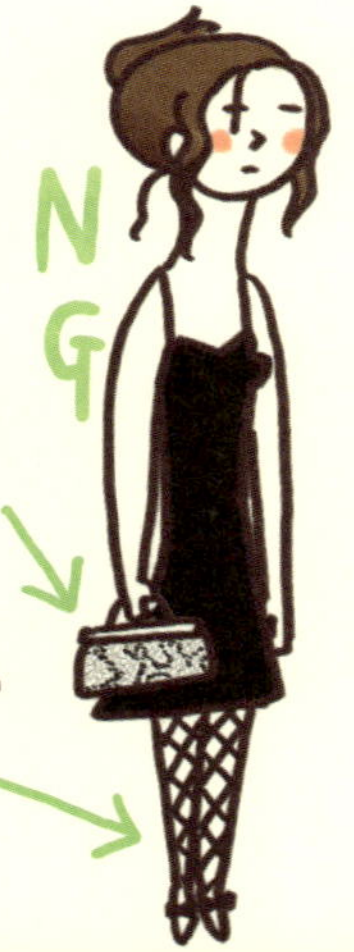

NG

ヘビ革やトカゲ革など八虫類の靴やバッグは、殺生を意味するためタブー。

靴は、つま先を覆ったパンプスを。肌色のストッキングを履くのが基本。生足や大柄の編みタイツは避けましょう。

着物

教会での式では、着物もオススメ。

〈黒留袖《とめそで》〉
親族(ミセス)の第一礼装。

〈振袖〉
未婚の女性の正礼装。袖丈が長いほど格上に。

〈訪問着〉
未婚・既婚の区別なく着られる礼装。友人の結婚式・披露宴に。

〈付け下げ〉
訪問着の代わりに着られる晴れ着。披露宴やパーティに。

〈色無地《いろむじ》〉
紋の付け方により、さまざまなシーンで着用できる準礼装。披露宴に。

〈小紋《こもん》〉
袋帯なら略礼装、染め・名古屋帯ならカジュアル。おしゃれ着なので二次会などに。

・紬《つむぎ》や絣《かすり》、ウールなどの着物は日常のおしゃれ着。たとえ高価であっても、式や披露宴の席ではふさわしくありません。

二次会

フォーマル度☆

とくに決まりはなくても、おめでたい席なのでなるべく華やかに。夜の場合が多いので、バッグやアクセサリーなどで光る素材を取り入れてもステキ。

男性の場合

ブラックスーツまたはダークスーツが基本。ネクタイやポケットチーフでフォーマル感を出して。ブラックスーツに白ネクタイは日本でしか通用しない礼装(海外ではブラックスーツは葬儀の服装)。海外では蝶ネクタイをすれば礼装となります。

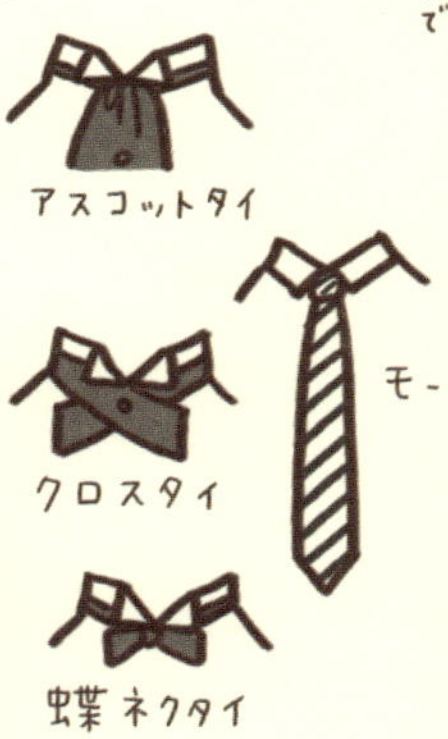
アスコットタイ
モーニングタイ
クロスタイ
蝶ネクタイ

招待状に「平服で」とあっても、普段着の意味ではありません。ジーンズなどくだけた格好はNG!

レストランウエディング

フォーマル度☆☆

レストランウエディングなら足元をサンダルにするなど、多少カジュアルでもOK。トレンドを取り入れて会場に華を添えて。

招待状が届いたら

When You Receive an Invitation

へーっ ようこちゃん 結婚するんだ
うわっ りかちゃんの 結婚式と同じ 日だ。残念。

返信はできるだけ早く

できれば1週間以内に、
遅くとも2週間以内には発送を。
期日までに予定がわからない場合は、
返事を引き延ばさず、本人たちに
今の状況を伝えていつになれば
わかるか連絡を。

出席の場合

慶んで
御出席 させていただきます。
御欠席
いよいよだね！からだに気をつけてベスト・コンディションで式に臨んでください！ ようこちゃんの花嫁姿、楽しみにしてるよ。
御住所 ○○区△△町一の二の三
御芳名 山川 陸

欠席の場合

御出席
御欠席
このたびはご結婚おめでとうございます。残念ながら当日は先約がございまして出席できません。お二人の幸せを祈っております。
御住所 ○○区△△町一の二の三
御芳名 山川 陸

自分に対する敬語表現に1本、または2本線を引き、
余白に祝福のメッセージや欠席のお詫びを、自分の言葉で
添えましょう。宛名面の"○○行"も"様"に書き替えて。

欠席理由の伝え方

仕事で
「多忙につき…」は失礼です。「当日は海外出張で…」「どうしても仕事の都合がつかず」など、当たり障りない内容に。「出席」と伝えたのにどうしても行けなくなった場合(仕事や病気など)、わかった時点ですぐ連絡を。理由は同じくあまり具体的にせずに。

他の結婚式と重なった
「あいにく先約がございまして」とだけ書きます。

子どもが小さくて手が離せない
「子どもが小さいため、出席を遠慮させていただきます」と、正直に書けばOK。

出席できないとき

〈祝電を打つ〉

遅くとも披露宴の1～2時間前には会場に着くように手配を。配達指定日の1ケ月前から申し込めます。できれば、定型文ではなくオリジナルの文面で。気持ちが伝わり喜ばれます。

行けないから祝電打とう

オリジナル文を打つなら、インターネットから申し込みできるNTTの「D-MAIL」が便利。
文面を考えながら自分で打ち込めます。
くわしくはNTTのHPをご覧ください。

〈ご祝儀の送り方〉

出席できないときは、お祝いの言葉を添えて、現金書留で送ります。披露宴を欠席する場合は、出席のときの半額をひとつの目安に。急きょ出席をキャンセルしたときは、出席時と同じ金額を包むのがマナー。
※金額と包みのマナー→P118

お祝いを贈るとき

披露宴の1週間前までに届くように。披露宴当日や二次会に持参するのは荷物になるので避けて。ただし、地方のしきたりによっては披露宴で贈呈することも。

品物には好みの問題が。何がいい？と聞かれて「現金がいいです」とは言いづらいもの。品番や色にいたるまで、実物を指定されない限り、贈り物はカタログギフトや商品券が無難です。

贈りもの何がいいかなー
相手の人はどんな人なんだろう…
あー、がまんできないや。電話しよっ

結婚の知らせに驚いた！

招待状で初めて結婚することを知った場合、関係性にもよりますが、すぐにでもお祝いの気持ちを伝えたければ電話をしても。秘密の社内恋愛などの場合は、「何で教えてくれなかったの」と相手を責めるのではなく、「よく隠せたね～(笑)」などとほほえましさを交えてまずはふたりを祝福して。

もしもし、ようこちゃん？招待状見たよーっ
おめでとう！でも、なんで今まで言わなかったのよー!?

病気やケガ、不幸

不幸があった場合、縁起を配慮して「やむを得ない事情で」と理由を言わないのがマナー。結婚式当日にわかった場合は、本人たちではなく会場の係の人に連絡を。そして後日、本人に事情を伝えましょう。

お葬式と重なった場合、故人とのお別れはそのときしかできない、という考え方から、弔事を優先するのが一般的です。肉親（親兄弟や配偶者など）に不幸があった場合、喪中（49日）の間は祝い事への出席は控えます。ただし、親戚などの不幸は自己判断しても。

披露宴でのマナーI〈受付から着席〉

At a Reception Desk and Your Seat

受付を頼まれたら

受付は両家の代表の立場と心得て。一般客以上にきちんとした服装をし、言葉づかい、ふるまいに注意。

また、多額の現金があるため、勝手に受付を離れてはいけません。席を外すときは行き先を告げて、必ず誰かひとりは残るように。

集まった御祝い金は誰に渡すか、すでに御祝い金をいただいて記帳だけの人はいるか、など事前に打ち合わせを。

たえず笑顔を心がけて。

梅本家
塩田家
控え室
ねえ、化粧くずれてない？
携帯電話は電源を切り、バッグにしまっておきましょう。

受付は早めに済ませて

遅くとも開宴の15分前までには受付を済ませます。クロークで上着や荷物を預けたり、化粧を直す時間も考え余裕を持って行動しましょう。控え室が用意されている場合が多いので、受付を済ませたらそこでしばし待機を。

遅刻するとき

会場に電話し、「○○家と○○家の婚礼の参加者ですが…」と述べて、婚礼の担当者を呼び出し、到着時間を伝えます。また、会場に遅れて到着した場合、会場に勝手に入らず扉近くにいるスタッフにどうすればいいか確認して。

受付の流れ

会場によって異なる場合もあるので、受付の指示に従い、すみやかにすませましょう。新郎の招待客なら新郎側の受付に、新婦の招待客なら新婦側の受付に。両方の知り合いでどちらかわからない場合は受付で確認を。

受付係
本日はおめでとうございます
ありがとうございます
と、一礼
ふくさを開き ご祝儀袋の正面を相手に向けて渡す
両手で受けとり
ご記帳をお願いします
記帳する
記帳が終ったら座席表を渡す。開宴まで時間があり、控え室が用意されている場合、
控え室はあちらでございます

遠方から招待されたら

旅費や交通費は「お車代」として、本来招待側が全額負担するもの。ただし、媒酌人や主賓はそうでも、親戚や友人はお互いさまの風潮で、当日「お車代」として一部渡される場合も。気兼ねする場合は、ご祝儀やお祝い品で気持ちを上乗せしておくとよいでしょう。

子ども連れの場合

乳幼児は預けて出席するのがマナー。連れて行かざるをえない場合は、招待者側に相談を。やむをえず連れて行き、途中で子どもがぐずり出したら、すぐ外へ連れ出すなどの配慮が必要です。なお、子どもの食事を用意してもらった場合、1/3〜1/2の金額をご祝儀に上乗せして。

テーブルに着くとき

同じテーブルで先に来ている人がいれば、一礼してから席につきます。初対面の人には、開宴前に軽く自己紹介を。「新婦の高校時代の友人の○○です」など、新郎新婦との関係と名前を言う程度でOK。開宴前のタイミングを逃がしたときは、乾杯の後が自己紹介の狙い目です。

披露宴でのマナーII〈乾杯から退席〉

From Toasting to Leaving

乾杯・食事のタイミング

スピーチや余興中でも、食事は続けてかまいませんが、始まりと終わりだけは手を止めて拍手を。配膳の都合もあるので、食べるペースは周囲の人に合わせて。テーブルを回ってお酌をする人がいますが、お酌はサービス係の仕事。招待客のすることではありません。

同じテーブルの人がスピーチをしている間は手を止めて。スピーチを終えて戻ってきたらひと言感想を伝えるとよい。

見知らぬ人と会話するコツ

基本的に新郎新婦のよいところをほめる話題に。会話中の新郎新婦の呼び方は、「○○さん」と名前で。旦那さん、奥さん、あだ名はNG。

リカさんは高校時代も明るくて人気者だったんですよ

へぇー
中学の時はだいぶやんちゃだったんです。化けましたね
NG

ちゃんとしたカメラを持参

ふたりのハレの席ですから、携帯電話や使い切りカメラではなく、ちゃんとしたカメラでステキに撮って。新郎新婦と写真を撮るチャンスは限られています。歓談中にタイミングを見て高砂席《たかさごせき》で撮るのがオススメ。ただし、ほかに撮りたい人がいるので長居は禁物。

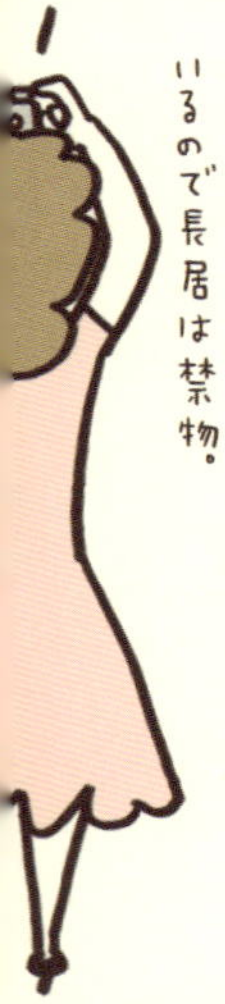

高砂席で新郎新婦にお酌をする人がいますが、これは控え目に。緊張しているため、酔いが回って気分が悪くなるケースも。

スピーチを頼まれたら

緊張して焦ってしまうようなら、用意してきた手紙を読むほうが安心です。内容は、自分しか知らないようなほのぼのしたエピソードが◎。職場の同僚なら仕事にまつわるエピソード、学生時代の友人なら、人柄がわかる楽しい話など、自分が呼ばれた立場を意識して。

〈NGフレーズ〉

- 別れを連想させる言葉
  終わる、切れる、別れる、離れる、壊れる
- 重ね言葉（結婚は一度でよい）
  重ね重ね、皆々様、しばしば、たびたび、たまたま、ますます

〈構成例〉急に頼まれたときの参考に！

祝いの言葉
（〇〇さん、〇〇さん、そしてご両家のみなさま、本日はおめでとうございます）

自己紹介
（私は新郎の高校時代からの友人の〇〇と申します）

魅力的な人柄を紹介
（具体的なエピソードを披露するとよい）

はなむけの言葉
（ふたりならきっと明るい家庭を築かれることでしょう。どうぞ末永くお幸せに）

結びの言葉
（本日はまことにおめでとうございます）

余興を頼まれたら

親族や仕事関係者が出席していることも考えて、"内輪受け"の芸ではなく、老若男女みんなが楽しめるようなほほえましいものを。

退席のとき

お開きになったら、同席の人に「ありがとうございました」などとあいさつを。メニュー・席札・座席表は引出物と一緒に持ち帰ります。会場出口では、新郎新婦らに祝福やお礼のあいさつを。「本当にステキなお式でした」「お料理も演出も良かったです」など。

二次会での司会、幹事を頼まれたら

If You are Askes to be an MC or an Organizer at a Second Party

企画は早めに

通常2ヶ月前、遅くとも1ヶ月前に招待状が届くように。そのため、新郎新婦を交えて早めにプランを考え、準備が必要。

新郎新婦の希望を尊重し、最終確認は新郎新婦にまかせるなど、幹事のひとりよがりにならないように。

改めて2次会の司会と幹事をお願いします。
もう1人は僕の友人なので一度お打ち合せの機会を…

〈新郎新婦に確認すること〉
- 幹事の予定者(メンバー)
- 2次会の日時
- どんな雰囲気の会にしたいか(和やかな食事会に、DJを呼んで派手に、余興メインで、など)

幹事はすべてまかされている場合もあれば、新郎新婦が主体となりサポート役に回る場合も。ケースバイケースなので、スタンスを明確にしておいて

2ヶ月前

- 幹事グループ結成
- 会場の決定、予約
- 招待状の作成と発送

3週間前

- 会場への最終参加人数連絡
- アトラクション、ゲームの決定
- 賞品・備品の準備

〈幹事の役目〉

企画、お店選び(交渉)、招待状の作成、アトラクションの準備、会計など。当日その場にかかりきりとなる受付、撮影、司会(幹事が兼ねる場合が多い)の担当は、別の人に頼んだほうが安心。

会場手配

レストラン、クラブやパーティルームなどで、会費制で行われるのが一般的。披露宴当日なら披露宴会場から移動しやすいところに。アトラクションによっては、ステージや音響設備もチェック。予算の範囲以内で楽しめるよう工夫・交渉を。

会費の設定

次の合計を出席者(新郎新婦を抜いて)で割った金額が目安。
●会場に支払う費用 ●招待状作成の費用+発送費用 ●賞品などの費用 ●その他必要経費(花束、色紙、受付帳など)。
これを男女別、夫婦割引、披露宴にも出席した人の割引などを加えて算出します。ひとり五千円～一万円が妥当。最後に手渡される引き出物は新郎新婦からの持ち出し

招待状と返信ハガキ

招待状には、日時・場所・会費・地図・返事の期日、幹事の連絡先を明記。

返信のマナー↓
P100

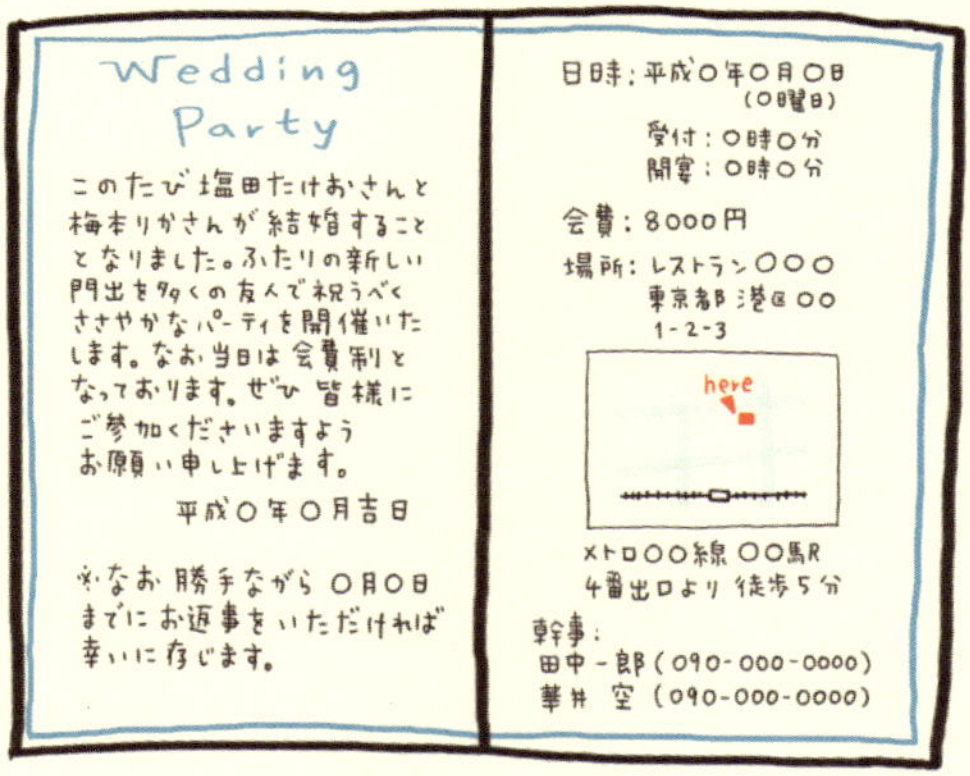
Wedding Party
このたび塩田たけおさんと梅本りかさんが結婚することとなりました。ふたりの新しい門出を多くの友人で祝うべくささやかなパーティを開催いたします。なお当日は会費制となっております。ぜひ皆様にご参加くださいますようお願い申し上げます。
平成○年○月吉日
※なお勝手ながら○月○日までにお返事をいただければ幸いに存じます。
日時：平成○年○月○日
（○曜日）
受付：○時○分
開宴：○時○分
会費：8000円
場所：レストラン○○○
東京都港区○○
1-2-3
here
メトロ○○線 ○○駅
4番出口より 徒歩5分
幹事：
田中一郎（090-000-0000）
華井 空（090-000-0000）

・返信ハガキに新郎新婦へのアンケートをつけるのもアイディア。当日集計結果を発表すればユニークなアトラクションに。

・返信の締切りをすぎたら、連絡のない招待客に確認の電話を。

・スピーチをお願いする人には事前に依頼しておきます。

2週間前
・BGMの選択
・余興の練習

1週間前
・備品の買い出し

当日

1時間前
・会場飾りつけ

30分前
・受付開始

2次会開始

2次会終了
・費用支払いと精算

当日の流れ

早めに会場入りし、進行の確認をしておきましょう。

撤収時には参加者の忘れ物がないかをチェック。

司会のあいさつ
新郎新婦入場
乾杯
開宴
スピーチ
歓談
アトラクション
新郎新婦のあいさつ
ゲストのお見送り（終了）
会場の費用支払いと精算

葬儀に参列するときⅠ〈訃報を受けたら〉

When You Receive the News of Someone's Death

危篤・臨終

知らせがあるということは、会ってほしいという願いの意味。親族でなくても、知らせを受けたらすぐにかけつけて。

実家の隣の平ハじいちゃんは本当の孫のようにかわいがってくれました

毎朝一緒にラジオ体操をしたり、
グキッ
お母さんにしかられて外に立たされたときは一緒につき合ってくれました

ほんとに？おばちゃん。平ハじいちゃんが？
何と、申し上げてよいか…。うっうっ

通夜前の弔問

身内や親戚が中心ですが、親しくしていた友人・知人にも知らされることも。通夜や葬儀に参列するなら、この時は香典は不要。前もって用意していたように思われるので、持参するのはタブーとされます。

訃報を受けたら

遺族に電話口で死因を聞くのは非常識。伏せておきたい場合もあります。短くお悔やみの言葉を述べ、通夜や葬式など今後のことについて詳しく確認を。このとき、ほかの人にも連絡すべきかを聞いておく。

お悔やみの言葉

「このたびは、ご愁傷《しゅうしょう》様です」「突然のことで、とても残念です」「心からお悔やみ申し上げます」など。

親しい人には、「残念です」「驚きました」などの素直な言葉でも可。「何と申し上げてよいか…」などでも。名文句を言うよりも言葉につまる気持ちは伝わるはずです。

通夜

もともとは、死者に悪霊がとりつかぬよう、線香や灯明を絶やさずともし、遺族や近親者が夜通し遺体に付き添い、遺体を守るものでした。仕事上だけの関係（さほど親しくない）なら、葬儀・告別式へ出るのが一般的ですが、葬儀に都合がつかず行けない場合は、通夜だけでも可。

葬儀・告別式

葬儀は遺族や近親者など関係の深い人たちが故人の成仏《じょうぶつ》を願う会。告別式は生きている人たちから故人に別れを告げる儀式。最近は同じ日に行われることが多い。

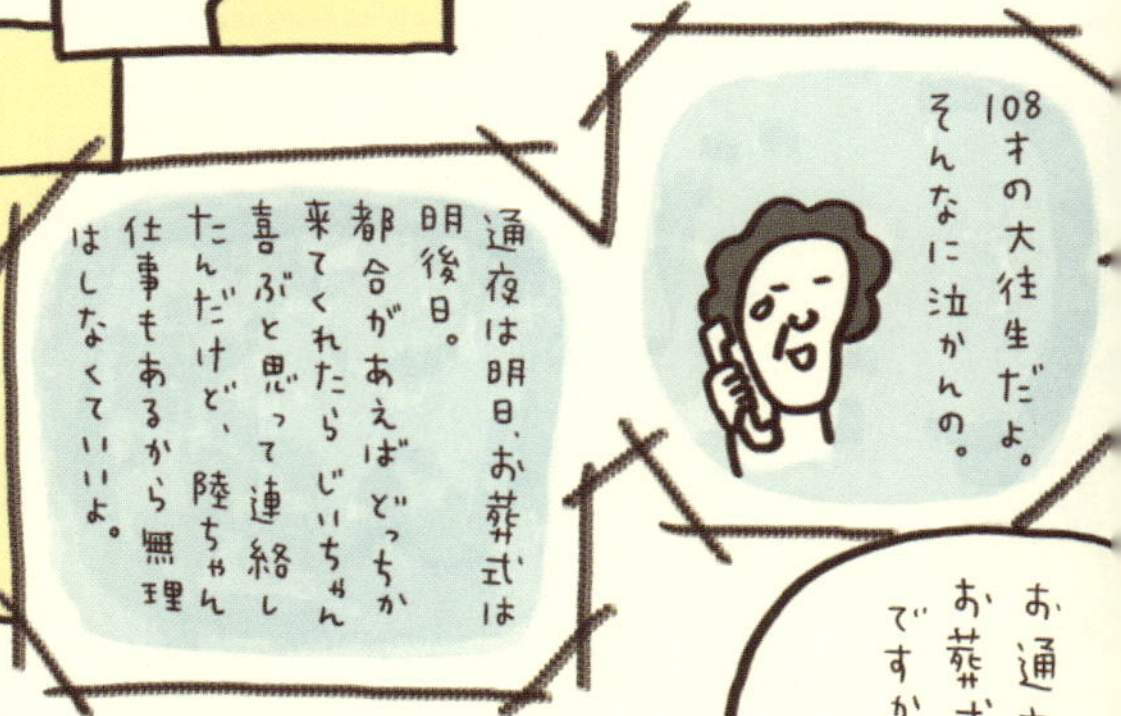
108才の大往生だよ。そんなに泣かんの。
通夜は明日、お葬式は明後日。都合があえばどっちか来てくれたらじいちゃん喜ぶと思って連絡したんだけど、陸ちゃん仕事もあるから無理はしなくていいよ。

平八じいちゃん寝ないでってば

お通夜とかお葬式はいつですか。うっうっ
これなへんだっ

ちゃんとお別れしなくちゃ…

密葬や家族葬

最近増えているのが「密葬」や「家族葬」。遺族や近親者のみで行われるので、明記されている場合は出席を控えて。後日、「お別れ会」や、「本葬」が行われることがあれば、その際に参列を。

葬儀に参列するときⅡ〈喪服の常識〉

Common knowledge of Mourning Dress

	弔問	
親族	喪服を着る必要はありませんが、黒、紺、グレーなどの地味な服装で。	〈女性〉洋装なら、通夜・葬儀ともに黒無地で、長袖、襟のつまったスーツ、ワンピース、アンサンブルが正礼装。
一般会葬者	用意していたように見えるので、喪服は不自然。アクセサリーははずし、薄化粧にするなどの配慮を。派手なネイルも要注意。	〈女性〉正式な喪服ではなく、地味なワンピースやスーツなどで可。 〈男性〉ダークスーツに黒ネクタイ。

小物・アクセサリー

〈女性〉

- バッグや靴は、黒でもエナメルやラメ入りなどの光る素材、派手な留め金がついたものなどはやめる。布やつや消しの牛革が◎。ハ虫類革は×。
- パールの一連ネックレスかパールのピアスのみ。指輪は結婚指輪以外は外します。
- ハンカチは白か黒。傘やエプロンも地味なものに。仏式には数珠《じゅず》も必要。
- 革は殺生を連想させるため、革のコートなどはNG。

〈男性〉

- ネクタイは光沢のない黒無地に。
- カフスボタンやタイピンはつけない。
- 黒の革靴。エナメルなどの光物の靴はNG。

葬儀・告別式

〈男性〉ブラックスーツが一般的（昼の正装はモーニング）。喪家側は腕に喪章をつけます。

〈女性〉フォーマルな黒のワンピースかスーツの略喪服。または黒喪服。スカートは膝丈より長めが基本。夏ならブラウスにスカートでも可（夏でも腕は出さない）。襟ぐりが開いたものも避けます。夏でも黒のストッキングが基本。生足はNG。髪はまとめ、濃い化粧、香水は控える。

〈男性〉ブラックスーツもしくはダークスーツで、ワイシャツは白。ネクタイ・靴下は黒。

通夜

和装なら、黒喪服または一つ紋か三つ紋入りの地味な色無地。いずれも帯や小物は黒。

- 女性は喪服でもストッキングが肌色、男性はダークスーツなど、一カ所不備な点を作るのがマナー。
- 出先から直接かけつけなくてはいけない場合は、平服でもかまいませんが、あまり派手なものは避けて。気になる場合は、胸に黒いリボンをつけるなどして喪を表すなどをして。

子どもの喪服

女児なら黒のワンピース、男児なら黒か紺のズボンに白いシャツ。学生なら制服で構いません。

香典のマナー

Manners of Funeral Monetary Offering

ピン札を入れる場合

最近は汚いものより
新札に折り目をつけてから
不祝儀袋に入れるのが
主流です。

ところで香典っていつ渡すのかな
あとは香典の準備か
表書き、字ヘタだから書くのイヤだなボールペンじゃ、だめだろーな
たてに一本折り目→

※金額と包みのマナー→P119

表書き

薄墨の毛筆か筆ペンで書くのがマナー。ボールペンは略式なのでなるべく使わない。「御霊前」なら、仏式、神式（玉串料）、キリスト教式（お花料）のいずれにも使えます。仏式は四十九日法要以降、表書きは「御仏前」となります。

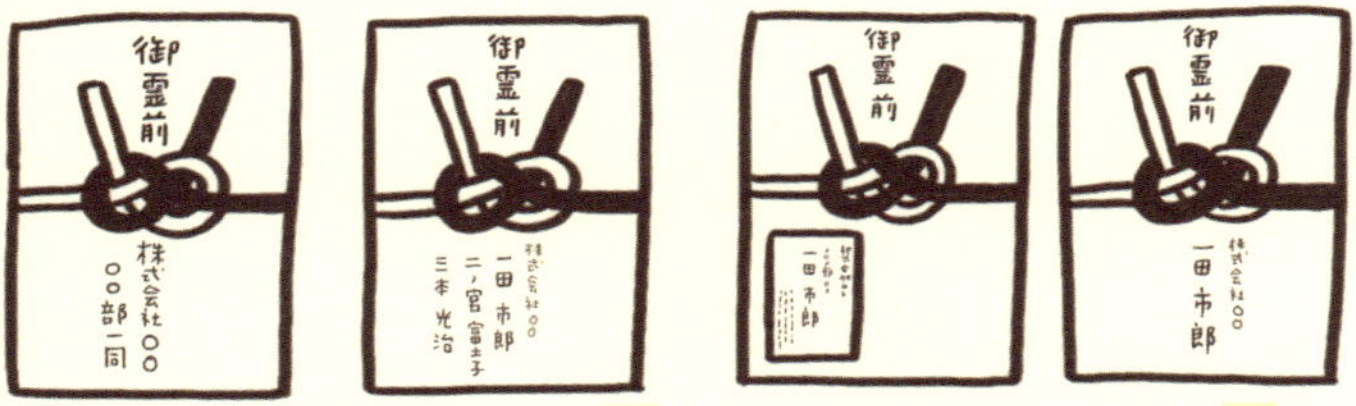

御霊前
株式会社○○
○○部一同
御霊前
株式会社○○
一田市郎
二ノ宮富士子
三本光治
御霊前
一田市郎
御霊前
株式会社○○
一田市郎

〈仕事関係者〉
名前の右に小さな字で会社名・役職（所属）を記入。

名刺を添える場合は、名前は書かず、水引の左下にしっかり貼る。

〈連名〉
正式には中央から左へ、目上から順に（最近は中心に合わせて書くことも多い）。

〈グループ〉
グループ名を中央に記し、中に全員の名前を書いた紙を同封。それぞれ金額が違う場合は名前の下に金額を記入します。

いつ・誰に渡すの？

通夜か葬儀・告別式のどちらかに持参するもの。両方参列する場合は通夜で渡し、葬儀・告別式では記帳のときに「香典は通夜のときにお持ちしました」と伝えて。通夜などで受付がなければご焼香のとき祭壇に（祭壇に供えるときは自分側に向けて置く）、または遺族に手渡します。

他人の香典を預かってきた場合、受付で自分だけでなくその人の住所・名前も記帳し、左下に「代理」と記入。住所は仕事関係でも自宅住所を書く。代理人が妻の場合は、夫の名前の下に「内」と書く。

参列できないとき

香典は、後日自宅へ伺ってお参りできれば持参。または、不祝儀袋に入れ現金書留で送ります。お悔やみの手紙も添えましょう。

お悔やみ状は遅くとも初七日までに届けるもの。訃報を数カ月後に知ったときなどは、先方の都合を聞いて香典や花などを持って伺うのがベター。

①このたびは、ご尊父様の悲報に接し、たいへん驚いております。
ご家族の皆様のご落胆いかばかりかとご心中拝察申し上げます。心からお悔やみ申し上げます。

本来であれば、お伺いいたしましてご霊前にごあいさつ申し上げたいところではありますが、あいにく遠方のためかないません。

なお、心ばかりのご香料を同封させていただきました。ご霊前にお供えいただければと存じます。

まずは略儀ながらお悔やみ申し上げます。

① 時候のあいさつは省き、すぐに追悼の言葉を。
② 故人への感謝の思いや遺族へのいたわりを伝えます。
③ 参列できないことへのお詫び。
④ 香典を送るときはその旨を明記。
⑤ 冥福を祈る言葉で締める。追伸はつけない。

弔電の打ち方

あて先は喪主の名前に。喪主が不明な場合は「故○○様ご遺族様」でも可。遺族がどんな関係の人から届いたものか判別できることが重要なので、差出人名は、個人、連名、団体、部署やグループ名、住所、電話番号などを加えておくと親切です。葬儀・告別式の前に、自宅か葬儀場へ着くようにします。

忌み言葉

不幸を連想させる言葉
苦しむ・つらい・浮かばれない・とんだこと・相次いで・迷う

重ね言葉
重ね重ね・たびたび・再三・かえすがえす

死を直接示す言葉
×亡くなられた、死去
○ご永眠・ご逝去・ご他界
※キリスト教では「昇天」「帰天」（逝去、哀悼、お悔やみなどの表現はタブー）

敬称

父	ご尊父様・父上様
母	ご母堂様・母上様
夫	ご主人様・ご夫君様
妻	奥方様・ご令室様
息子	ご子息（様）・ご令息（様）
娘	ご息女（様）・ご令嬢（様）

通夜、葬儀のマナー

Manners at a Wake or a Funeral

通夜

葬儀

芳名帳に記帳

香典を渡す

読経の後、遺族から順に焼香

通夜ぶるまい

喪主のあいさつ

飲食は故人の供養のためなので、誘われたら固辞せずひと口でも箸をつけるのがマナーです。故人の思い出話を静かに語り合い、長居はしない。

受付で

深く一礼し、「このたびはご愁傷さまです」とお悔やみの言葉を。受付台にふくさを置き、香典を取り出したら、軽くたたんで台の手前に。香典を相手に向けて両手で渡す。

遺族へのあいさつは控える

遺族、とくに喪主は忙しいのでコチラから呼び止めることはしない。

1　抹香 / 線香

僧侶、遺族の順に一礼してから祭壇前へ進み、遺影に一礼。数珠は左手にかけておきます。

2

線香：右手で線香を一本とり、ろうそくで火をつけます。線香の火は、すっと下へ引くか、左手であおいで消す

抹香：右手で香をつまみ、頭を垂れぎみにし、目の高さまでささげて黙礼。

3

線香：他の線香との間隔をあけて香炉に立てます。

香炉に寝かせて置く宗派もあります。

抹香：香を静かに香炉に落とす。これを一〜三回。会葬者が多い場合は一回でもOK。

4

遺影に合掌し、少し下がって僧侶と遺族へ一礼し、席に戻ります。

数珠の扱い方
房が下にくるように左手に持ちます。数珠を畳や椅子の上にそのまま置くことはタブーとされています
両手の親指と人差し指の間にかけて合掌
長い数珠の場合、両手の中指にかけて使用します。また、持つときは二重にして左手に。

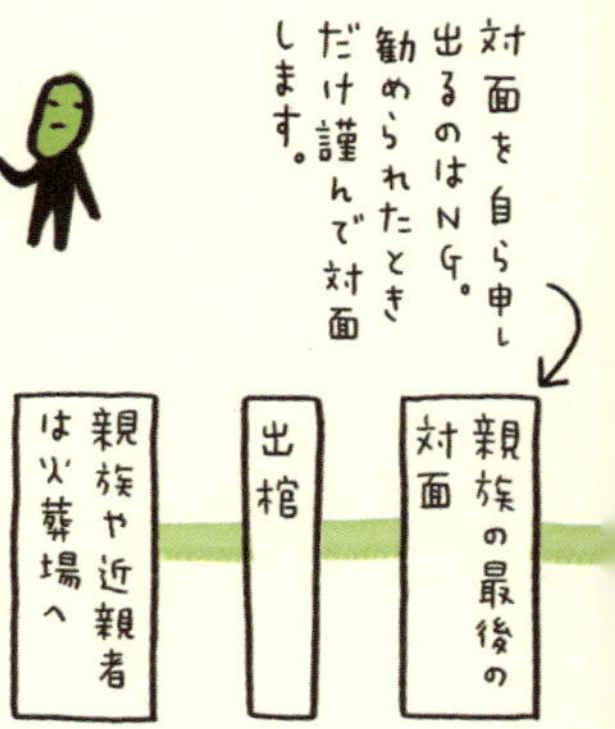
対面を自ら申し出るのはNG。勧められたときだけ謹んで対面します。
親族の最後の対面
出棺
親族や近親者は火葬場へ

キリスト教の献花の仕方

1
祭壇手前で花を両手で受け取る
2
右側に花がくるようにして胸の高さに花を持ち、遺影に
一礼
3
時計回りに花の向きを変え、茎が祭壇側に
向くようにして両手で献花台へ
4
遺影に一礼して黙祷（信者は胸で十字を切る）。
後方へ下がり遺族へ一礼。

じいちゃん
お棺のそばに立ち（座り）、故人に一礼
さようなら
お顔を横からのぞく
安らかに
故人の冥福を祈り、合掌するか深く一礼
お別れが終ったら後方に下がり、遺族へ一礼

無宗教の葬儀

通夜として、親しい人だけで故人に対面し、その後酒宴が行われることも。無宗教といっても、葬儀には祭壇や棺が用意され、献花などを行います。

〈服装〉黒を基調に、地味な平服で。遺族へのお悔やみのときには宗教用語（供養・天に召された・仏前など）を使わないようにします。

〈香典〉表書きは「御霊前」としますが、蓮の花の模様がついた市販の不祝儀袋は使わないようにします。

葬儀終了から家路までのマナー

Manners on Your Way Home After the Funeral

出棺時

寒い時期でも、コートの着用はなるべく避けて。自分の前を棺が通る際はおじぎをして合掌。車が見えなくなるまで合掌し故人の冥福を祈ります。

家路にて

ほかの参列者が近くにいる可能性もあるので、故人の死因の話題や噂をしながら帰るのは控えましょう。出向いた道をなぞらない、という縁起直しの意味で別の道から帰る慣わしも。

お清めの塩

左手でつまんで胸、背中、手首、足元の順にかけます。塩で身を清める意味がありますが、悲しい気持ちを切り替えるという意味も。

香典返しのお礼は？

葬儀の後、あいさつ状とともに香典返しが送られてきますが、これには「不幸の繰り返しをさける」という意味でお礼を述べないのが礼儀。ただし、品物が届いたことは伝えたいので、喪中見舞いをかねて手紙か、近況をうかがう電話を。

時間が心の妙薬

大切な人を亡くした遺族が、その死を受け止めることは容易ではありません。なかには体を壊す人もいるほどで、立ち直るための時間もかなり必要です。「できる限り力になりたい」そんな気持ちで見守って。「君がしっかりしなくてどうする」などの強引な励ましは逆効果の場合も。たまにおじゃましたり電話するなどして話し相手になり寂しさを紛らわしたり。

年賀欠礼をいただいたら

遺族は寂しいお正月を過ごしているはず。親しい間柄なら、年賀状ではなく寒中見舞いとして、励ます気持ちで手紙を出せば、その気持ちは伝わるはずです。うっかり年賀状を出してしまったら、「ご無礼をお許しください」とお詫びとお悔やみの手紙を出して。

と包みのマナー

※金額は、自分の年齢や相手とのつき合いの深さ、また、地域の相場によって異なります。

祝儀袋（結婚祝い）

表書きは「寿」「御祝」が基本

濃い墨を使用

結婚式は一度きりのお祝い事なので、蝶結び（何度でも解いて結び直せる）ではなく、結びきりを使います。

〈裏側〉
下側が表に出るよう。「お祝いは上向き」と覚えて。

〈金額の目安〉

贈り先	結婚祝 披露宴出席	結婚祝 披露宴招待なし
兄弟・姉妹	自分の年齢 20代…5万 30代〜…10万	ー
いとこ	20代〜40代…3万 50代〜…5万	2〜3万
めい、おい	20代…ー 30代〜…5万	2〜3万
会社関係	20代…2万 30代〜…3万	5千〜1万
取引先	3万	5千〜1万
友人・知人	2〜3万	5千〜1万

割り切れる偶数は避ける。ただし、2万円はペアの意味からOKですが、1万円札と5千円札2枚（計3枚）に。夫婦ふたり分というときも、2万＋2万＝4万円、3万＋3万＝6万だとしても5万円に。

結婚祝いの品物とお祝い金を組み合わせて考えるのも可。たとえば、2万円と3万円の間で迷ったら、5〜6千円の品物を先に贈り、披露宴当日に2万円包んでも構いません。

〈中包み〉

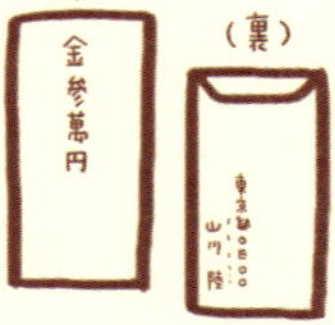

表面中央に金額を記入。「壱（一）、弐（二）、参（三）、伍（五）」など旧漢字を使います。「阡」や「萬」は千、万でも可。

裏面に住所、氏名を書きます。

新札を使用。紙幣の表（顔のあるほう）を上にして。

会費制の二次会（または披露パーティ）に招待された場合、祝い金は不要です。

祝儀のときのふくさの包み方

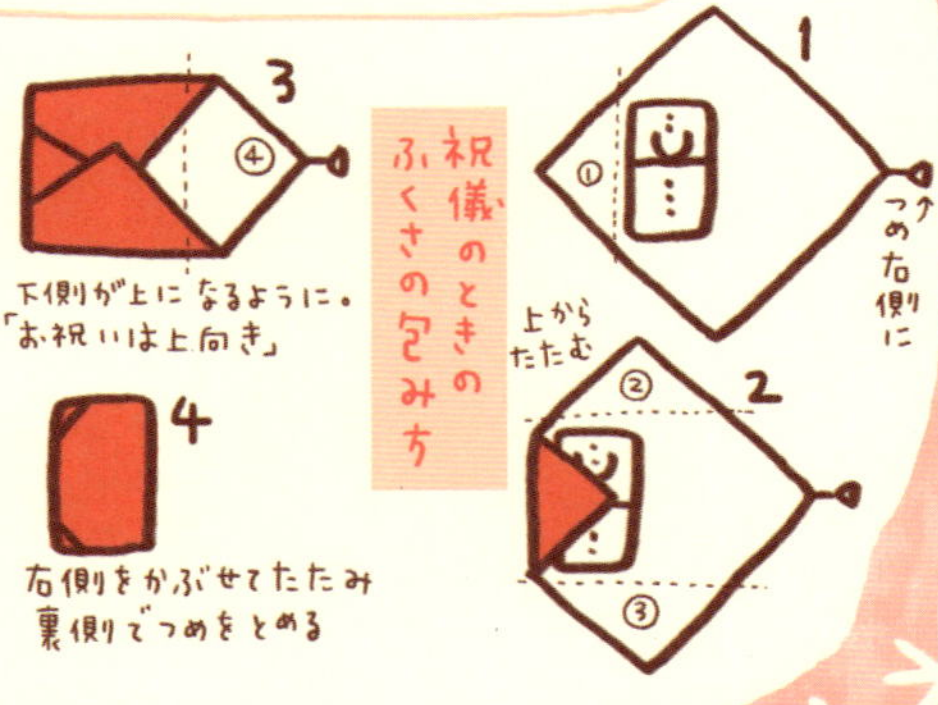

下側が上になるように。「お祝いは上向き」

右側をかぶせてたたみ裏側でつめをとめる

祝儀・香典の金額

不幸が二度と来ないよう不祝儀は全て結びきり。水引は白黒または双銀。
キリスト教式には、ユリや十字架をあしらった水引のないものを。ないときは白い封筒でも可。

不祝儀袋（香典）

御霊前
山川 陸

表書きはどの宗教でも「御霊前」で通用します。

薄墨（涙で墨がにじんだ意味）を使用

〈裏側〉
慶事とは逆で上側が表に出るように。「不祝儀は下向き」と覚えて。

〈中包み〉
裏面に、住所、氏名、金額を薄墨で書くか、右頁のように金額を表に書きます。

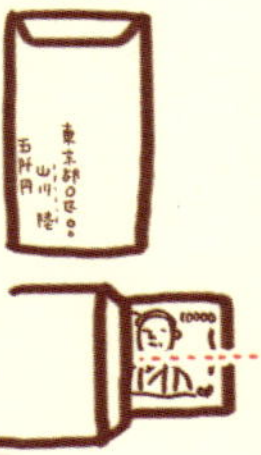

（裏）
東京都○区○○
山川 陸
五千円

シワの入ったお札でもかまいませんが、できれば新札に1本折り目を入れたものを。紙幣の表を上に。

お札の数は、4（死）、9（苦）8（末広がりで縁起良し）を避けて。結婚ではないので、2万円は問題なし。

〈金額の目安〉

故人	香典
兄弟・姉妹	3〜5万
両親	5〜10万
祖父母	1〜3万
おじ、おば	1〜3万
その他親族	1〜2万
会社関係	20代：3千〜5千 30代〜：5千〜1万
取引先関係	20代：3千 30代〜：5千〜1万
友人・知人	5千〜1万
友人・知人の家族	5千
隣り近所	3千〜5千

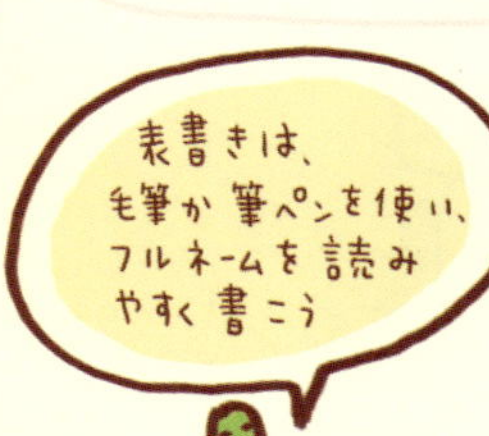

表書きは、毛筆か筆ペンを使い、フルネームを読みやすく書こう

不祝儀のときのふくさの包み方

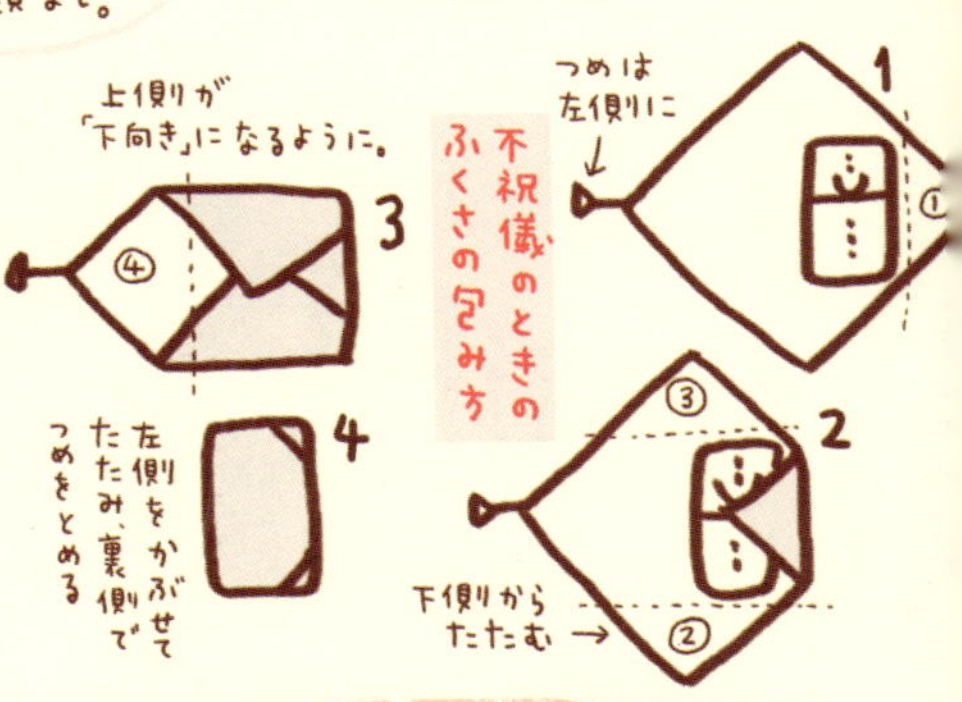

1
つめは左側に
①
2
③
下側からたたむ
②
3
上側が「下向き」になるように。
④
4
左側をかぶせてたたみ、裏側でつめをとめる

暮らしの歳時記

※年中行事のいわれやしきたりは、地域によって異なります。

1月（睦月《むつき》）

正月に親類知人が往来し、仲睦まじく過ごす月。

正月飾り

正月飾りは、12月30日までに飾ります。ただし、縁起が悪いとされる29日の「苦(9)飾り」、31日の「一夜飾り」は避けて。年神様（その年の福をつかさどる神）の滞在する松の内の期間（1月1日〜7日）飾っておき、飾りは7日に外します。

門松

正月に年神様が訪れ、一年の幸福を宿す所とされています。外から見て左に雄松（葉が硬いもの）、右に雌松（葉が柔らかく枝が多いもの）と、左右一対で飾ります。松の小枝を和紙で巻いて水引で結んだ略式の門松もあります。

しめ飾り

神聖な場所を意味し、正月のしめ縄は一年の不浄を祓い清める目的が。玄関のほか、台所（火の神の入り口）、蛇口やトイレ（水の神の入り口）、商売道具・車などいろいろなところで使用されます。

床の間飾り

鏡もちと、屠蘇器《とそき》、生花の3点を置き、かけ軸をかけます。床の間がない場合は、リビングのチェストの上など、家の中心となるような場所に飾り、おめでたい雰囲気を楽しんで。

生花は、松のほか、千両や万両(商売繁盛)、南天(難を転ずる)などの赤い実が用いられます。

鏡もち

年神様へお供えしたもちを下げて食べると、新しい生命力が授けられると言い伝えられています。

鏡は神様の宿る所、餅は稲の霊が宿り、食べると生命が与えられるとされ、「福と徳」が"重なる"ようにとの願いが込められている。

橙《だいだい》
家が代々栄えるように。

裏白《うらじろ》：長命を願う。

ゆずり葉：子孫繁栄

昆布：よろこぶに由来

伊勢海老：腰が曲るほど長生きできるように。

干し柿：柿は「嘉来」と書いて「喜びが来る」とする。

お節料理

本来は年神様へのお供え料理。その一部を家族一同で分け合って食べ、新年を祝ったのがはじまり。数の子(子孫繁栄)、栗きんとん(金団《きんとん》=財宝を表す)、ごぼう(長く根を張って生きる)など、それぞれの食材に縁起や願いが込められています。

年始まわり

親戚や仲人宅、とくにお世話になっている上司・恩師宅などに伺うのが一般的。家族だけで祝う1日を避け、2日〜7日までに。昼食時の11時30分〜13時を避けた10時〜17時の間に出向きます。年の暮れのうちに先方の都合を聞いておきましょう。年始まわりは玄関先ですませるのが基本。引き止められたら「これから実家にまいりますので」「車をその先に止めてきましたので」など失礼にならないように断わります。

初詣《はつもうで》

本来は、家族が元気で新年を過ごせるように祈った行事。大晦日の除夜の鐘が鳴り終ってから、7日までに参拝することを言います。

前年のお守りや破魔矢は、お焚《た》き上《あ》げ（供養の意味で燃やす）をしてもらいます。

明後日から
もう仕事かー、
お休みなんてあっと
いう間だね
ほんとだね。
陸はお正月、
どうしてた？
実家に
帰ってたよ

〈お参りの仕方〉

寺院の場合

1
おさい銭を納め、
一礼。
2
合掌して
今年は彼氏できますように
さらに一礼
神社じゃないので、拍手は打ちません

神社の場合

1
鳥居をくぐるときはお辞儀をします。
境内の真ん中は神様の通り道なのでなるべく端を歩く
2
手水鉢でひしゃくを使って両手を洗い、
手にとった水で口をすすいで洗い清めます。
3
おさい銭を納め、
鈴を鳴らし、
二礼、二拍手のあと願いを。最後に一礼。
いい年になりますように

2月（如月《きさらぎ》）

草木の芽が張り出す月（草木《くさき》張《は》り月《つき》）。暦の上ではもう春。

節分（2月3日頃）

暦の上で春の始まりとされる"立春（2月4日頃）"の前日。季節の変わり目に起こりがちな災害や病気などの邪気を追い払うことで無病息災を願うという意味があります。

しっかりまいてよっ
ママに似てる

↑豆をまくのは年男（その年の干支生まれ）か厄年の男性（数え年で25・42・61歳）、または一家の主人。

鬼は外！

と唱えながら玄関から外へ、次に「福は内」と唱えながら家の中に向けて豆をまきます。

各部屋の窓を開けて同様に。

まき終ったら、福が出ていかないよう窓を閉め、「1年間、健康（まめ）でいられるように」と、年の数（または年の数＋1）だけ豆を食べます。

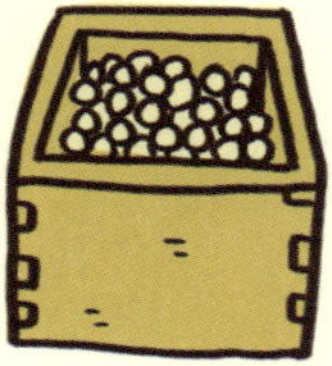

恵方《えほう》巻き

その年の縁起のよい方角（恵方）を向いて、太巻きを無言で丸ごと食べる風習。太巻きを鬼の金棒に見立て、鬼を退治するという意味も。太巻きの具は七福神にあやかり7種がよいとされます。

節分の翌日は立春（春のスタート）。この日には「椿《つばき》」を飾ります。椿はその字の通り春を表すもの

3月（弥生《やよい》）

弥という漢字には"いよいよ"という意味があり、弥生は草木がいよいよ生い茂る様を表しています。

桃の節句

女の子の健やかな成長を祝う行事。この日は祖父母や親類、友人などを招き、ひな飾りを披露してもてなします。

向かって右側が女びな
（京都などでは逆）

段15人飾りが標準ですが、少ない場合は、
段、5段と、必ず吉数とされる奇数段に。

<飾る時期> 地方によって異なりますが、節分を過ぎたら飾るのが一般的。「しまい遅れると婚期が遅れる」と言われるように、3月4日中に早めにしまうのがよいとされます。

男女の人形を飾って、簡単ひな人形に！

<桃の節句の食べ物>

蛤《はまぐり》のお吸い物

蛤の貝殻は、自分の二枚貝以外は絶対に合わないことから、夫婦の和合、女性の貞節を意味します。ちらし寿司と一緒に。

白酒

もち米と麹《こうじ》で仕込んだお酒。飲むと邪気を祓《はら》うといわれています。

菱餅《ひしもち》

上から赤（桃の花）、白（残雪）、緑（草萌える大地）を表わしているとも。

お彼岸

春分の日（3月21日頃）と秋分の日（9月23日頃）は、昼と夜の長さがほぼ等しくなる日。この日をはさんで前後3日の一週間を、お彼岸（春の彼岸、秋の彼岸）と言います。

彼岸の時期は真西に太陽が沈みます。仏教で、極楽浄土（あの世）は西にあるとされることから、彼岸はあの世とこの世が交わる日と考えられ、先祖に心が通じやすいとされるこの時期に墓参りをするようになりました。

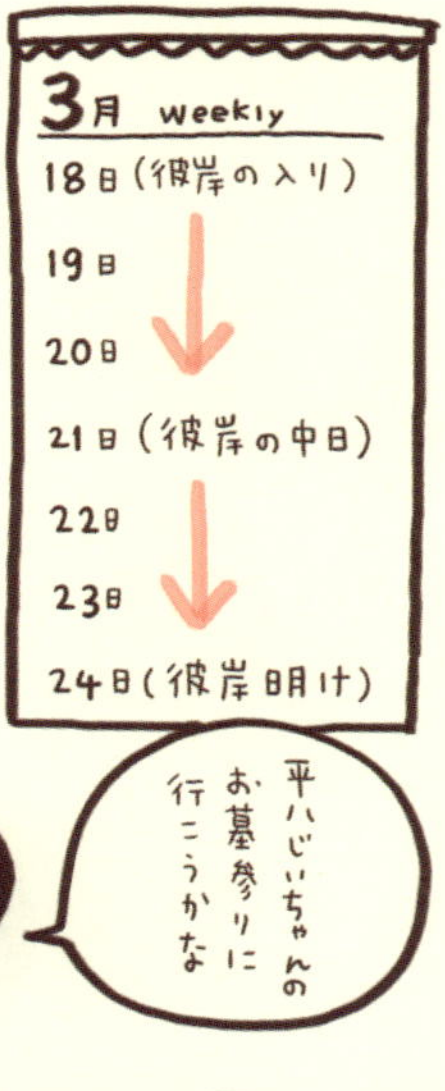
3月 weekly
18日（彼岸の入り）
19日
20日
21日（彼岸の中日）
22日
23日
24日（彼岸明け）
平八じいちゃんのお墓参りに行こうかな

前日までに仏壇の掃除をすませ、生花を飾り、水を供える。
彼岸中は朝晩灯明をともし、線香をあげて故人の好物や「牡丹《ぼた》餅《もち》」を供える。

秋は「お萩《はぎ》」。季節で呼び名が変わるだけで実は同じもの。

お墓参りは彼岸中ならいつでもかまいません。期間中にどうしてもお参りできない場合は遅れるよりも早めに日をずらしてお参りを。

<お墓参りの仕方>
仏教式のお墓参りでは、本堂にお参りをし、僧侶にあいさつをしてから、お墓の掃除をします。法事ではないので服装に決まりはありませんが、僧侶などにあいさつすることも考えて、ラフすぎる服装は避けて。
じいちゃん元気だったかな…
元気だったかなってのは変か…
必要なもの
ろうそく
線香
マッチ
数珠
花
手桶
ひしゃく
ほうき
ゴミ袋
ぞうきん
1
じいちゃん久しぶり
枯れた花や線香の燃えかす、区画内の枯葉やゴミを拾って片づける。
2
気持ちいいでしょー
石を傷つけないようにして布で墓石の汚れを落とす。
3
花や供物を供える。食べ物を添えるときは墓石を汚さないよう
はいこれ。大好きだったでしょ
半紙を二つ折りにした上に置く。
4
水鉢に水をはり、線香を供える
5
手桶の水をひしゃくですくい、墓石の上からかける。
6
水をかけ終えたら、数珠を持って合掌する。
7
果物やお菓子などの供物はそのままにせず持ち帰る。
じいちゃん、カラスがねらっているから私が食べるよ
うまい

4月（卯月《うづき》）

卯の花が咲くことから。または稲を植える植え月という説も。

花祭り（4月8日）

お釈迦《しゃか》様の誕生を祝う仏教の行事。「花御堂」という草花で飾られた小さなお堂の中の釈迦像に、ひしゃくで甘茶をかけてお祝いします。お釈迦様の誕生の際に、天から甘露の雨が降った、という伝説に由来。

花見（3月～4月）

桜の枝を折らない。近隣住民の迷惑にならないよう騒音に注意する。ゴミを持ち帰る。など、基本的なマナーを守って雅びな時間を楽しんで。

桜、キレイだねー
桜色のものを身につけたり、
風呂敷などの小物を桜柄にしたり、
この風呂敷、カワイイでしょー
桜もちおいしいな
サクラのスイーツを用意したり…
目で舌で、花見の雰囲気を楽しみましょう。

入学・就職祝い

身内のお祝いなので、友人・知人は特に贈らなくても失礼にあたりません。

品物は、何がよいか相手に確認して。遅くとも4月中旬までに贈るようにします。

現金の場合、表書きは「御祝」「御入園祝」「御入学祝」（5千～2万円）、「祝御入社」（5千～1万円）とし、紅白蝶結びの祝儀袋に入れて。子どもの年齢や相手先との関係性によって金額を考えて。

○○小学校

5月（皐月《さつき》）

田植の時期で、早苗を植える「早苗月」の意味。

八十八夜

立春（2月4日頃）から数えて88日目にあたる日（5月2日頃）。「米」という字を分けると八十八となるため、農作業の節目の日であり、縁起のよい日とされてきました。この日に摘まれた茶葉は一番茶といい、香りも高く味もおいしいとされます。

端午の節句

男の子の健やかな成長を願ってお祝する日。5月5日

春分の日（3月20日頃）から4月中旬頃まで（遅くともお節句の一週間前まで）には飾りたいもの。しまうときは、5月の中頃までの天気の良い日に。

鎧かぶと 事故や災難から身を守る。

柏もち

柏の葉は新芽が育つまで古い葉が落ちないので、子を思う親の愛情を表しています。

鯉のぼり

「鯉の滝のぼり」という中国の故事が由来し、立身出世を表す。五色のふき流しや 矢車には、魔除けの意味が。

その上の丸い飾り（籠玉《かごだま》）には神様を招く"拠りしろ"の意味があります。

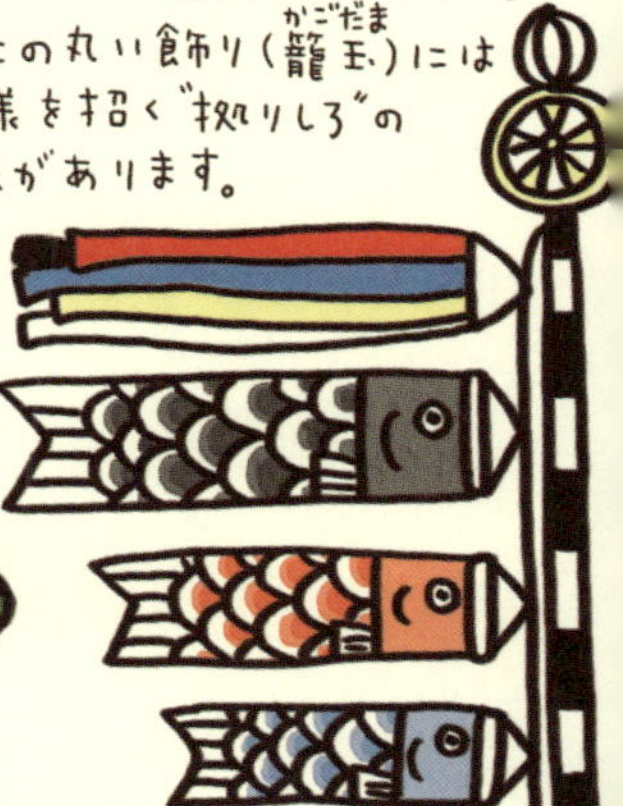

粽（ちまき）

戦国時代の携帯食のなごり。形が鉄砲に似ていることから、「武士魂」を表しているとも。

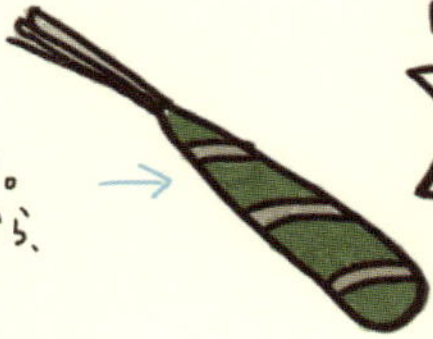

菖蒲

尚武《しょうぶ》（武道を重んじること）の掛け言葉として菖蒲の葉が用いられるように。

湯舟に菖蒲やヨモギを入れる「菖蒲湯」は、厄払いの意味があり、無病息災を願うもの。

母の日（5月の第2日曜日）

母親に日ごろの感謝を込めてカーネーションなどの贈りものをする日。1907年にアメリカで始まり、戦後日本にも広まった。白い花は亡き母へというのが一般的。

6月
（水無月《みなつき》）

田に水を引く必要がある月という意味。

衣替え

学校や会社の制服などは6月1日から夏物に、10月1日から冬物に衣替えをするのが一般的。和服の場合、6月と9月は単衣《ひとえ》（裏地がない）、7月、8月は絽《ろ》や紗《しゃ》などの薄物《うすもの》、10月から5月までは袷《あわせ》（裏地あり）が決まりごとです。

父の日（6月の第3日曜日）

母の日があるなら父の日も、とアメリカで提唱されたのが始まり。亡き父には白いバラを、元気な父には赤いバラや小物などを贈ります。

ジューン・ブライド

古代ローマ時代、結婚と出産の女神であるジュノーの祭礼を6月に行ったことが由来。そのため、欧米では6月の花嫁は幸せになれるといわれ、日本でもそのいい伝えが広まりました。

7月（文月《ふみつき》）

七夕で短冊に文字を書き、上達を願ったことが由来。また、稲が膨らみつつある含み月から、という説も。

七夕（7月7日）

7月6日の夜、願いごとを書いた短冊を笹の枝につるした七夕飾りを家の軒先に飾り、習い事の上達を願います。

浴衣のマナー

浴衣は本来、入浴や湯上り時に着た「浴衣」。ホテルや高級レストランなど、かしこまった場に来ていくのは控えて。裾がはだけたり脇の穴（身八ツ口）から肌が見えたりしないように、浴衣の下には、着物用の下着（肌じゅばんや裾よけ）を必ずつけましょう。

五色の短冊 マメ知識

七夕の歌の「五色の短冊〜♪」は、陰陽五行説の五色に関係しています。五行とは、木（緑）・火（赤）・土（黄）・金（白）・水（黒）。こいのぼりの吹き流しの色も、陰陽五行説からきたもの。

帯の上に胸がのると老けて見えるし、着くずれしやすいので、着物ブラジャーや、スポーツブラで胸をおさえて。ウエストのくびれ部分にタオルを巻いて補正すると、着くずれなく美しく着られます。

和装の足元は内股が基本。いつもよりしとやかな歩き方を心がけて。

お世話になった人へ贈り物をする習慣。関東は7月1日から7月15日、関西は7月中旬から8月15日の間に到着するよう贈ります。期日を過ぎてしまった場合、のし紙は「暑中御見舞い」、立秋（8月8日頃）を過ぎたら「残暑御見舞い」としましょう。

〈送るときは〉本来、品物は持参するもの。送る場合は、品物に送り状をつけるか、届く数日前に品物が届く旨を伝える送り状を郵送します。

〈いただいたら〉特にお返しの必要はありませんが、礼状は出しましょう。親しい間柄であれば電話でもOK。

・お中元はお祝いではないので、先方・当方が喪中の場合であっても、贈ってもOK。ただ、49日を過ぎていない場合は、時期をずらして「暑中（残暑）見舞い」とする心くばりを。

暑中見舞い

相手の体調を気づかうあいさつ状。7月20日頃から立秋（8月8日頃）の前日までを「暑中」と言い、立秋を過ぎたら「残暑見舞い」とします。

8月（葉月《はづき》）

旧暦では秋にあたり、葉の落ちる月「葉落ち月」が転じて「葉月」になったとする説。初雁の来る月で「初来」とも。

お盆

先祖の霊を供養する仏教行事。8月13日から16日、地方によっては7月13日から16日。この時期に先祖の霊が家に帰ってくるとされます。お墓や仏壇をキレイにして先祖の帰宅に備えます。

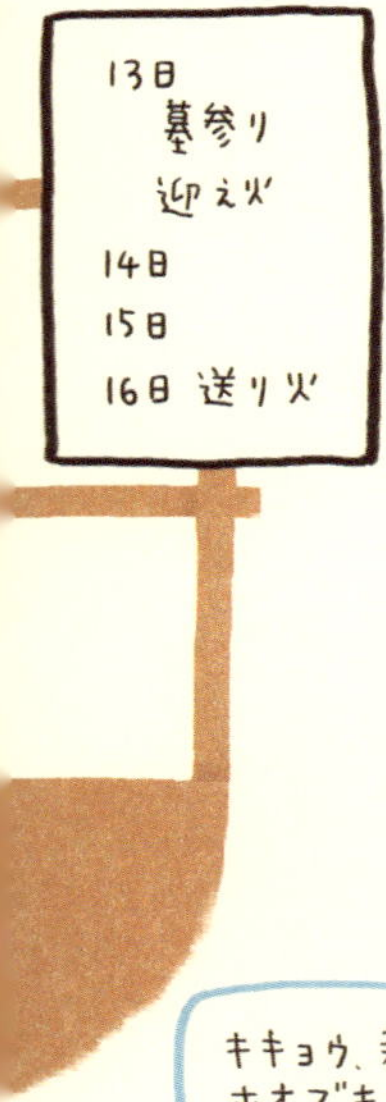
13日 墓参り 迎え火
14日
15日
16日 送り火

〈盆棚の作り方〉

※宗教や地方によって異なります

仏壇の前に小机を置いて、ござやむしろを敷く。仏壇の戸は閉め、位牌や灯明、香炉、鈴などを移す。
水や野菜、果物を供えます。
キキョウ、萩、ホオズキなどの盆花
先祖の乗り物に見立てたきゅうり(馬)となす(牛)を供える。"ヘタ"の方を頭にし、おがらや割り箸をさして足に。「来るときは馬で早めに、おかえりは牛でゆっくり」という意味が込められている。

お盆の期間中は毎日盆棚や仏壇の水を取り替え、食事を供え、線香をあげて供養を。14・15日のどちらかで僧侶を呼び読経を上げてもらいます。僧侶に渡すお布施は、不祝儀袋に包んで用意しておきます。

平八じいちゃんも帰って来てるかも。あとでお隣りに行ってこよ。
お盆のマメ知識
京都の大文字焼きは大がかりな送り火のひとつ。盆踊りも、お盆に精霊の慰霊と魂送りが目的とされます

迎え火

先祖の霊が迷わず帰って来られるよう道しるべの意味があります。盆棚の脇の盆提灯に火を灯したら、玄関先で、素焼きの皿（焙烙《ほうろく》）の上で細かく折ったおがら（麻の茎）を燃やします。

3本のうち1本正面にして置く

送り火

最終日の夕方に、迎え火と同じように焚《た》きます。ご先祖の霊は、この煙に乗って帰るといわれています。このとき、供えたなすやきゅうりは、家の外に頭が向くようにします。

新盆《にいぼん》

家族が亡くなってから最初の盆（新盆）は、故人の好物を供えたりして、とくに手厚い供養が行われます。親族は盆提灯を贈るのがしきたりですが、最近は「御提灯代」として現金（1～2万程度）を贈る場合も。盆が四十九日の忌明け前の場合は、翌年に持ち越されます。

9月 (長月《ながつき》)

徐々に夜が長くなってくる「夜長月」から。

十五夜 (9月中旬)

旧暦8月15日の満月を楽しむ風雅な行事。「中秋《ちゅうしゅう》の名月《めいげつ》」ともいわれ、秋の七草のほか、月見だんご、芋などの農作物を飾り、月を祭ります。収穫を感謝する儀式の意味も。

秋の七草：ススキ、藤袴《ふじばかま》、葛《くず》、なでしこ、
桔梗《ききょう》、おみなえし、萩《はぎ》

月見だんごの数は、15個または、5個。

縁側やベランダに小机を出して飾ります。

敬老の日 (9月の第3月曜日)

高齢者を敬い、長寿を祝う日。本来は還暦(満60歳)から祝うのが慣わし。身内にお年寄りがいる場合は、本人の好物を並べて食事会をしたり、プレゼントを贈るなどを。でも、その前に、日頃からこまめに電話をしたり、顔を出すなど、コミュニケーションを大切に。

秋分の日 (9月23日頃)

春分の日(P125参照)と同様、昼夜の長さが同じになる時期。秋分の日を中日にはさんだ一週間は、お墓参りをするなど、秋の彼岸供養を行います。

70歳(古稀《こき》)：中国の詩人、杜甫《とほ》の詩の「人生七十年古来稀」に由来。
77歳(喜寿《きじゅ》)：「喜」の文字を草書体にすると「七十七」に見えることから。
80歳(傘寿《さんじゅ》)：「傘」の字を略すと「八十」と読めることから。
88歳(米寿《べいじゅ》)：「米」の字を分解すると「八十八」に読めることから。
90歳(卒寿《そつじゅ》)：「卒」の字を略すと「九十」と読めることから。
99歳(白寿《はくじゅ》)：「百」の字から「一」を引くと白になるから。
100歳(百寿《ももじゅ》)：上寿《じょうじゅ》ともいう。

10月（神無月《かんなづき》）

日本中の神様が出雲（島根県）に集まり、留守になることからこの名に。出雲では「神在月（かみありづき）」とも。

十三夜（十五夜のひと月後）

旧暦の9月13日に見られる、少し欠けた月を愛でる行事。13個、または3個のお団子と、枝豆や栗を供えて。

昔は十五夜と十三夜の片方しか見ないことを「片見月《かたみづき》」といって嫌いました。

11月（霜月《しもつき》）

本格的な寒さが増し、霜が降りる月という意味。

酉《とり》の市

11月の酉の日（12日周期の日にちの干支）に各地の大鳥《おおとり》神社で行われる、商売繁盛、開運招福を祈る祭り。最初の酉の日は「一の酉」、2順目は「二の酉」と呼び、3順目の「三の酉」まである年は、火事や災難が多いと言われています。

初めから大きいのを買ったからこんなことに…
来年はいよいよ持てないな。

＜縁起熊手＞

金銀や福をかき集めるという縁起物。店に飾る商家が多い。

熊手は、年々大きなものに買い替えるのがよいとされている。

千歳飴

千歳飴

元気に育ち、徳をかき寄せることを願う縁起物。

七五三（11月15日）

子どもの成長を願う行事。女の子は3歳と7歳、男の子は3歳と5歳に土地の氏神《うじがみ》様に参拝し、お祓いを受けます。

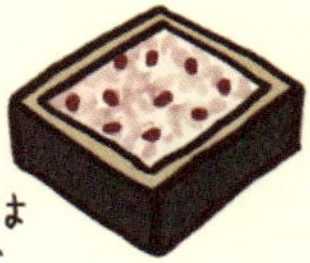

赤飯

あずきの赤色には邪気を祓う力があると信じられている。

＜武家や公家の風習に由来します＞

3歳（髪置き）…男児も女児も3歳から髪を伸ばし始め整える儀式に由来。

5歳（袴着）…男児が初めて袴をはき男の仲間入りを祝う儀式。

7歳（帯解き）…女児が初めて大人の帯を締めて着物を着る儀式。

12月（師走《しわす》）

普段は落ち着いている師匠ですら、多忙で走り回る月という意味。

すす払い（12月13日）

新年を迎える準備を始める日。

もともと一年の汚れを落とすだけでなく、心を清め、食事や外出を控える「物《もの》忌み」の始まる日でした。

年末の大掃除はこの名残。
※正月飾りを出す時期→P120

お歳暮

12月初旬頃から20日頃までに届けます。
日ごろお世話になっている方へ、一年のお礼として贈るものなので、お中元と同じく喪中の相手に贈ってもかまいません（ただし、四十九日を過ぎてからに）。20日を過ぎてしまった場合、松の内（1月1日～7日）の間なら表書きは「御年賀」、それ以降は「寒中見舞い」に。
とくにお返しは必要ありませんが、届いたら、すぐにお礼状を出しましょう。

冬至（12月22日頃）

二十四節気のひとつで、一年で最も昼の時間が短い日。寒さがいっそう厳しくなるので、各地で体をいたわるさまざまな風習が生まれました。

かぼちゃ

この時期の貴重な栄養源だったため、「冬至にかぼちゃを食べると病気にならない」と言われた。

「ん」のつく食物

みかん、きんかん、大根、れんこんなど。「いろは…」の最後の文字であることから一年の締めくくりを意味すると同時に来年の幸運（うん）を祈って。

ゆず湯
血行を良くし、体を温めてくれる。新年を元気に迎えるための昔からの知恵。

大吉さん、今年もいっぱいお肉を食べに行こうね

年賀状

なるべく元旦から3日以内に届くように。そのためには、12月半ばには準備しておきたいもの。出していない目上の人から受け取ったときは、礼状ではなく普通に返礼を。ただし、「年賀状ありがとうございました」は失礼なので気をつけて。

御用納め（仕事納め）

御用納めの日には、一年間の感謝の気持ちを言葉にして伝えましょう。

年末年始の休暇に入るときは、仕事だけでなく、机のまわりも片づけてからに。

〇〇企画の失敗のときはフォローしていただいて、ありがとうございました
陸ちゃん大丈夫？手伝うよ
あ～っ探してた伝票が、こんなところに～っ

大晦日

月の最終日を「晦日」と言い、大晦日は一年の最終日のこと。大掃除や新年の準備が済み、一段落ついたところで、家族揃って除夜の鐘を聞きながら年越しそばを食べます。

年越しそば

江戸時代に年末で忙しい商家で生まれた習慣。細長いそばに縁起をかつぎ、健康と幸福が長く続くことを祈って食べたとされます。年を越して食べるのは縁起が悪いとされ、夜の12時までに食べ終えるようにします。

除夜の鐘

仏教で、人間の煩悩《ぼんのう》は108あるといわれ、その数だけ鐘を鳴らすことで煩悩を追い払うとされます。

来てくれるなんて、思い切って誘ってよかったよ～

ゴーン
ホラ海っ
急いで食べないと年明けちゃうよっ
白組のトリは北島サブちゃんです！

ゴーン
あ、大吉さんあけましておめでとう。うん、今実家
今年こそは作法美人になるから期待してて

監修◎井垣利英（いがきとしえ）
（株）シェリロゼ代表取締役。１９７０年、名古屋生まれ。中央大学法学部卒業。フリーアナウンサー、学習塾ＦＣ本部の企画営業などを経て、２００２年に起業。マナー、話し方、メイクなど多角的な自分磨き“ブラッシュアップ講座”、社員研修などを開催。アナウンサー、元客室乗務員、メイクアップアーティストなどによる講座を展開。現在、自社での講座以外に、企業や大学などでもセミナー・講演を行っている。テレビや雑誌のマナー関連の取材多数。著書に『プリンセス・マナーブック』（大和書房）、『美人オーラをつくる！』（ＤＨＣ）などがある。
シェリロゼホームページ（http://www.c-roses.co.jp）

絵◎伊藤美樹（いとうみき）
神奈川県生まれ、東京都在住。血液型はＯ型。ふいに思いたって、２００１年よりフリーのイラストレーターとして活動開始。好きなことは、モノを創ること、食べること、飲むこと、笑うこと、散歩、そして絵を描くこと。著書に『食べ方のマナーとコツ』『贈り方のマナーとコツ』『話し方のマナーとコツ』『お仕事のマナーとコツ』『ウエディングのマナーとコツ』（いずれも学研）、『おうち歳時記』（成美堂出版）。
（http://homepage2.nifty.com/miki_campus/）

暮らしの絵本 しぐさのマナーとコツ

二〇〇六年九月二一日 初版発行

発行人 太丸伸章
編集人 金谷敏博
編集長 千代延勝利
編集担当 目黒哲也
発行所 株式会社 学習研究社
〒一四五―八五〇二 東京都大田区上池台 四―四〇―五
データ製作 株式会社 ディーキューブ
印刷所 日本写真印刷株式会社

お客様へ
●ご購入、ご注文は、お近くの書店へお願いします。
●この本についてのご質問は次のところへお願いします。
・編集内容に関しては、電話：〇三―三七二六―八三三三（編集部直通）
・在庫、不良品に関しては、電話：〇三―三七二六―八一八八（出版営業部）
・アンケートハガキの個人情報に関しては、電話：〇三―三七二六―八五三四（学校・社会教育出版事業部）
・そのほかのこの本に関しては
学研お客様センター「暮らしの絵本 しぐさのマナーとコツ」係
文書は、〒一四六―八五〇二 東京都大田区仲池上一―一七―一五
電話は、〇三―三七二六―八一二四へお願いいたします。